LES FLEURS

PAR

ALPHONSE KARR

PARIS
MICHEL LÉVY FRÈRES, LIBRAIRES-ÉDITEURS
RUE VIVIENNE, 2 BIS
—
1861

Tous droits réservés

ŒUVRES COMPLÈTES
D'ALPHONSE KARR

Parues dans la collection Michel Lévy

AGATHE ET CÉCILE............................	1 vol.
LE CHEMIN LE PLUS COURT..................	1 —
CLOVIS GOSSELIN.............................	1 —
LA FAMILLE ALAIN............................	1 —
LES FEMMES...................................	1 —
ENCORE LES FEMMES........................	1 —
FEU BRESSIER.................................	1 —
LES FLEURS....................................	1 —
GENEVIÈVE....................................	1 —
LES GUÊPES...................................	6 —
HORTENSE.....................................	1 —
MENUS PROPOS...............................	1 —
LA PÊCHE EN EAU DOUCE ET EN EAU SALÉE.	1 —
LA PÉNÉLOPE NORMANDE....................	1 —
UNE POIGNÉE DE VÉRITÉS....................	1 —
PROMENADES HORS DE MON JARDIN........	1 —
RAOUL..	1 —
ROSES NOIRES ET ROSES BLEUES...........	1 —
LES SOIRÉES DE SAINTE-ADRESSE..........	1 —
SOUS LES ORANGERS.........................	1 —
SOUS LES TILLEULS...........................	1 —
TROIS CENTS PAGES..........................	1 —
VOYAGE AUTOUR DE MON JARDIN...........	1 —

PARIS. — IMP. SIMON RAÇON ET COMP., RUE D'ERFURTH, 1.

I

A LAUTOUR-MÉZERAY

Nous avons eu, dans ma petite vallée abritée, jusqu'à près de huit degrés de froid, dans les derniers jours de décembre, — puis la mer s'est mise à bouillonner, le vent a sauté au sud-ouest, et tout a dégelé dans une seule nuit. Au printemps de 1850, je convins avec M. Alphonse Lemichez, qui a ce beau jardin d'hiver, rue des Trois-Couronnes, à Paris, — le premier qui ait été créé, — que lui à Paris, et moi à Sainte-Adresse, nous planterions en pleine terre quelques camellias. Ce fut lui, comme le plus savant, qui désigna ceux qui avaient le plus de chances de résister à nos hivers. A-t-il fait l'épreuve? je l'ignore ; — pour moi, j'ai suivi fidèlement le programme de notre expérience.

On sait qu'en France, à Angers, les camellias fleurissent parfaitement en pleine terre. Angers, qu'on appelait, dit-on, autrefois la Ville-Noire, parce qu'elle fut la première dont les maisons furent couvertes d'ardoises, est une ville très-favorable à l'horticulture, et mériterait un surnom plus gracieux. Cette ville est à deux cent soixante-dix kilomètres au sud-ouest de Paris, tandis que le Havre-de-Grâce, près duquel est la vallée de Sainte-Adresse, est à cent soixante-dix-huit kilomètres au nord-ouest de la capitale. (Je compte les distances les plus directes ; car, par Rouen, le Havre est à deux cent treize kilomètres de Paris, et, par la route du Mans, Angers est à trois cent deux kilomètres.)

J'ai vu de mes yeux, — chargé de fleurs, — sur le plateau qui domine Sainte-Adresse, c'est-à-dire beaucoup plus exposé au vent du nord, chez un vieux jardinier appelé le père Lapoule, un camellia de l'ancienne variété panachée de rouge, appelée *variegata*. Ce camellia fleurissait ainsi depuis plusieurs années en pleine terre du sol du jardin et en plein air.

Il y en a un autre, chez un de mes voisins, dont les destinées sont moins brillantes : — il est depuis quinze ans dans un coin du jardin ; — il n'a jamais fleuri, et il n'a pas grandi d'un pouce depuis sa plantation. — Il n'est pas mort ; — c'est toute sa vie et toute son histoire.

Je plantai donc en pleine terre de bruyère quatre camellias : l'ancien blanc, le variegata, un pœniflora et un donklari. De 1850 à 1851, il n'y eut pas d'hiver, c'est-à-dire que le thermomètre, dans notre vallée, ne descendit pas plus bas qu'un degré centigrade au-dessous de zéro : l'épreuve était donc ajournée. Mes camellias fleurirent parfaitement, excepté le blanc, qui n'avait pas de boutons à fleurs. Dans l'été, ils firent des pousses très-vigoureuses, et aujourd'hui, 10 janvier, ils ont de nombreux boutons, du moins le variegata et le donklari ; le pœniflora n'en a que trois, le blanc n'en a pas ; mais, comme il est aussi vigoureux et aussi bien portant que les trois autres, je n'attribue pas cette stérilité à la température, d'autant plus que c'est pendant l'été que se forment les boutons à fleurs. Pendant la gelée, qui a duré une semaine et qui a varié, en progressant jusqu'au dégel, de quatre à six degrés, ils ont paru moins fatigués que les rhododendrons ponticum. J'ai déjà dit aux lecteurs de l'*Illustration* que je tiens en pleine terre, depuis trois ans, la belle azalée blanche liliiflora, et depuis deux ans l'azalée violette, phœnicea, qui fleurissent bien toutes deux, quoique les livres les plus répandus vous disent que les espèces indiennes, c'est-à-dire dont les feuilles sont persistantes et dont les fleurs ont dix étamines, doivent être mises à l'abri aussitôt qu'il gèle. La liliiflora est du reste en pleine terre au jardin du Luxembourg, à Paris, depuis dix ans

C'est, je crois, une épreuve très-intéressante, et ce serait une très-bonne nouvelle pour tous les pauvres jardiniers comme moi qui ne peuvent avoir un jardin d'hiver, et n'aiment pas beaucoup les arbres en pot des serres ordinaires, que de leur dire après des épreuves suffisamment renouvelées : « Vous pouvez planter dans votre jardin certaines variétés de camellias. » Mais n'entonnons pas encore l'hymne de la victoire, — l'hiver n'est pas fini, et le froid n'a pas passé six degrés.

Vous n'êtes pas sans avoir vu un médecin en quête de clientèle. A la moindre altération de votre visage, il vous interroge avec anxiété, il vous affirme que vous êtes malade ; tout ce que vous lui dites pour le dissuader le confirme, au contraire, dans son opinion. Faute de malade, il voudrait inventer des maladies ; il appelle de tous ses vœux celles qui ne font que des apparitions périodiques, — hélas! trop rares; il regrette celles que la négligence, ou la vanité de la science, ou la providence divine ont laissé se perdre et disparaître, dont on ne retrouve de traces que dans les livres, comme on ne retrouve que dans les musées les squelettes fossiles des ichthyosaures antédiluviens.

C'est pourquoi il ne faut pas prendre tout à fait au sérieux toutes les maladies des végétaux utiles que l'on découvre depuis quelques années. Quelques-uns ne sont pas si malades qu'on le dit; d'autres ont vu leurs maladies anciennes et congénitales recevoir des noms nouveaux de parrains peu désintéressés, qui, loin de donner des dragées, voudraient en recevoir. — Depuis le temps que la pomme de terre est malade, elle devrait être morte, — ou sauvée tout à fait, si on avait fait ce que je ne répéterai pas ici, l'ayant déjà dit dans l'*Illustration* [1]. — C'est surtout quand il s'agit de choses utiles qu'il faut éviter d'être long, et de donner aux lecteurs un prétexte pour fermer le livre.

La pomme de terre, le raisin, le haricot, etc., sont plus ou moins souffrants. — S'ils allaient mou-

---

[1] *Voir* t. XVIII, p. 254, n° 451.

rir, ce serait une sévère façon de faire expier à l'homme ses sottises variées, et je doute fort que les progrès qu'il se plaît à attribuer à sa raison et à son génie puissent compenser la perte d'un fruit et de deux légumes.

J'ai lu, dans un très-riche volume que vient de publier M. Curmer, une anecdote intéressante sur la pomme de terre. Je vais tâcher de me la rappeler en peu de mots.

Parmentier, dont l'héroïque obstination nous a dotés de la pomme de terre, obtint du roi Louis XVI qu'il se montrerait en public avec un bouquet de fleurs de pommes de terre. — Ces fleurs violettes devinrent à la mode. — L'auteur du livre leur donne l'épithète de *bleues*; c'est une nouvelle preuve de l'extension hyperbolique que l'on donne à la couleur bleue, et qui m'a fait ajouter à la nomenclature des couleurs connues celle dite *bleu de jardinier*. — Les femmes de la cour les adoptèrent pour leur coiffure. Mais cela ne suffit pas : — on refusait, en général, de manger et de planter des pommes de terre, lorsque Parmentier s'avisa de faire publier la défense de lui en dérober à l'avenir dans ses enclos. — De ce jour on les mit au pillage, et la pomme de terre fut naturalisée.

Cette anecdote m'amène à songer aux difficultés qu'ont quelquefois à s'établir et à se faire accepter des choses utiles, lorsque des choses futiles, dangereuses, ridicules, sont réclamées parfois avec tant d'empressement et se trouvent tout de suite à la mode. Sans Parmentier, nous ne posséderions pas encore peut-être ce précieux tubercule.

La Quintinie, cet avocat qui devint un grand jardinier sous Louis XIV, et qui fit faire de si notables progrès à la science, ne parle pas des pommes de terre dans son livre, qui fut imprimé, après sa mort, en 1690. — Une édition faite depuis, en 1730, et à laquelle *on* ajouta divers articles, garde le même silence.

L'édition de 1743 du *Dictionnaire de Trévoux* ne mentionne pas le nom de la pomme de terre.

Voici ce que disait de la pomme de terre, en 1752, l'auteur d'un traité très-complet et très-estimé, intitulé l'*École du potager*, et dont M. de Machault, garde des sceaux et contrôleur général, avait accepté la dédicace.

L'auteur de l'*École du potager* désigne la pomme de terre sous le nom de *truffe* ou *truffle*. (*École du potager*, t. II, p. 577.)

DESCRIPTION DE LA TRUFFLE OU TRUFFE.

« Voici une plante dont aucun auteur n'a parlé, et, vraisemblablement, c'est par mépris pour elle; car elle est anciennement connue. Cependant, il y a de l'injustice à omettre un *fruit* qui est la nourriture de beaucoup de gens. Je ne veux pas l'élever plus qu'il mérite, car je connais tous ses défauts; mais j'estime qu'il doit avoir placé avec les autres, puisqu'il sert utilement et qu'il a ses amateurs. Outre le bas peuple et les gens de la campagne, je puis avancer, par la connaissance que j'en ai, que beaucoup de gens l'aiment par passion. Je mets à part si c'est affection bien placée ou dépravation de goût; il a ses partisans, cela me suffit.

« Il y a deux espèces de truffles : l'une rouge et l'autre blanche, tirant sur le jaune. Cette dernière est préférée, ayant moins d'âcreté que la première.

« Ce fruit est susceptible de divers assaisonnements, mais les gens du commun le mangent cuit simplement dans les cendres, avec un peu de sel. — J'avouerai que c'est un manger fade, insipide, et fort à charge à l'estomac; mais il a un certain goût qui plaît à ses amateurs. Que peut-on objecter contre? et quand on est accoutumé à une chose, combien ne perd-elle pas de ses défauts ? Un fait certain, c'est que ce *fruit* nourrit, et que, par la force de l'habitude, il n'incommode point ceux qui y sont accoutumés de jeunesse. D'ailleurs, il est d'un grand rapport et d'une grande économie pour les gens de bas état : ces avantages peuvent bien balancer ses défauts. Il n'est pas inconnu à Paris ; mais il est vrai qu'il est abandonné au petit peuple, et que les gens d'un certain ordre mettent en dessous d'eux de le voir paraître sur leur table. Je ne veux point leur en inspirer le goût, que je n'ai pas moi-même ; mais on ne doit pas condamner ceux à qui il plaît et à qui il est profitable. »

Après cette profession de foi pleine d'impartialité et de tolérance, l'auteur de l'*École du potager* donne quelques détails sur sa culture ; mais il les donne du bout des lèvres, avec un dédain qu'il ne peut dissimuler. — « Faites ceci — ou faites cela, peu importe ; je crois qu'il n'y a pas besoin de tant de soins. » — Enfin, pour montrer jusqu'au bout qu'il n'est animé d'aucuns mauvais sentiments pour la pomme de terre, et qu'il serait, au contraire, enchanté de lui trouver quelque emploi, mais que ce n'est pas sa faute si elle n'est, en réalité, pas bonne à grand'chose, il termine ainsi d'une façon triomphante :

« Je ne lui connais aucune propriété pour la médecine. »

(En effet, ça ne purge pas, ça ne guérit aucune maladie, — excepté cependant la faim.)

« On avait imaginé, continue-t-il, d'en faire de la poudre à poudrer, qui pouvait suppléer, dans le temps de cherté des grains, à la poudre ordinaire : elle eut d'abord quelque succès, et le ministère aida l'entreprise de sa protection ; mais, à l'usage, on lui reconnut le défaut d'être trop pesante et de ne pas tenir sur les cheveux, ce qui la fit échouer, et il n'en est plus question. »

C'est une preuve de plus de l'inimitié profonde et irréconciliable que l'homme se porte à lui-même ; — sans lui, l'homme serait heureux. Voyez avec quel courage il se défend contre tout ce qui peut lui être utile ou avantageux, et avec quelle faveur, quel enthousiasme il accueille tout ce qui lui est contraire et malsain.

Quoiqu'on se soit, comme vous le voyez, fort longtemps passé de la pomme de terre, ce serait une triste chose que d'être réduit à s'en passer maintenant ; et si ce tubercule n'avait été que prêté aux hommes, ils auraient longtemps à le regretter.

Parmentier, auquel la France doit l'usage de ce légume qui nourrit une partie de la population, n'a pas, dans l'histoire et dans la reconnaissance des peuples, la place qu'il mérite. Il y a longtemps que, à l'usage des peuples, j'ai retourné un ancien proverbe, et que j'ai dit : « Aime bien qui est bien châtié. » Le dernier des conquérants, qui a attiré sur un peuple tous les maux et toutes les misères, est placé dans la mémoire de ce peuple bien au-dessus de Parmentier, dont le nom même n'est pas connu dans des provinces entières, dont la moitié des habitants mourraient de faim sans ses efforts opiniâtres.

Parmentier est mort en 1816. — Je crois que Montdidier, sa ville natale, vient de lui élever une statue ; — je prie quelque habitant de Montdidier de fixer mes doutes à cet égard. — On a attendu longtemps, — si toutefois c'est fait, — on a attendu qu'il devînt à la mode parmi les villes de dresser des statues chacune à ses illustres morts. — Peut-être veut-on être bien sûr qu'ils sont tout à fait morts ; c'est non un hommage qu'on rend, mais un héritage qu'on recueille. — On reconnaît volontiers les services et la gloire des gens quand ils ne sont plus là pour en profiter, et qu'on peut s'enorgueillir et humer l'encens en leur lieu et place.

C'est cette juste façon d'apprécier la justice de la postérité qui a inspiré à un poëte que j'ai cité deux ou trois fois déjà ici, sans le nommer, la courte boutade que voici. — Excusez les vers. —

Cette postérité pour qui l'on s'évertue,
C'est ce gamin qui joue aux billes dans la rue,
Dont les cris importuns m'empêchent de trouver
Ces beaux vers qu'à lui seul je prétends réserver.
Jouez au cerf-volant, jouez à la toupie,
   Redoutés galopins !
Un jour vous vengerez ma muse, qu'on oublie,
   De mes contemporains ;
Car je n'écrirai plus lorsque vous saurez lire ;
Vous pourrez sans danger, moi mort, louer ma lyre,
Et vous vous servirez de mes défunts talents
Pour vexer à leur tour les poëtes vivants.

La pomme de terre s'appelle en italien *tartufolo* ; — en espagnol et en portugais, *patata* ; — en anglais, *potato* ; — en allemand, *kartoffel*, *erdapfel* ; — en russe, *semlenaja jagod*, etc.

Je voudrais bien savoir ce qu'est devenu l'*ullioco*, — une plante qui a été fort prônée il y a quelques années, comme alimentaire. — Il est fâcheux qu'elle n'ait pas tenu ce qu'on promettait pour elle ; car non-seulement elle n'est pas exigeante sous le rapport de la culture, non-seulement elle ne demande pas de soins pour prospérer, mais une fois établie dans un terrain, il n'est pas de chiendent, il n'est pas de Gascon plus difficile à en faire sortir. Aucune plante ne se multiplie avec autant d'abondance et d'opiniâtreté : il suffit qu'il reste dans un terrain un morceau du tubercule gros comme un grain de café, pour que l'été suivant vous voyiez sortir de terre ses feuilles charnues, presque rondes, ses tiges volubiles et grimpantes, ses fleurs blanchâtres, insignifiantes, mais exhalant une assez douce odeur de vanille. Si à l'automne vous fouillez à la place d'où est sortie la tige, vous trouvez un tubercule gros *au moins* comme le poing, tubercule irrégulier dont la substance ressemble assez, pour les yeux, à celle du topinambour, quoique plus mucilagineuse ; ensuite, si vous n'enlevez pas ce tubercule avec précaution, si vous en brisez la moindre parcelle, vous en retrouverez de pareils l'année prochaine autant que vous aurez laissé de petits morceaux. Peut-être s'est-on découragé trop vite. Si l'ullioco peut être employé à quelque chose, ce quelque chose serait bientôt très-abondant et à très-bon marché.

Beaucoup de gens, et il serait bien difficile qu'il n'y eût pas quelques-uns de ces gens-là parmi nos lecteurs, aiment les fleurs, mais ne pensent à elles que lorsqu'ils admirent la splendeur de leurs corolles, ou respirent leurs suaves odeurs. Le parfum s'évapore, les pétales se flétrissent et tombent, et il n'en est plus question jusqu'à la même époque de l'année suivante. Mais il arrive de là souvent des déceptions. Pour beaucoup de plaisirs horticoles, c'est pendant l'hiver qu'il faut préparer son printemps, et voici ce qui arrive tous les ans : c'est à l'époque où l'on voit fleurir les premières jacinthes, que l'on pense que l'on aurait bien fait d'en planter chez soi ; c'est alors seulement que l'on demande des oignons aux marchands ; or, à cette époque, les marchands ont replanté leurs oignons depuis longtemps pour ne pas les perdre, et ne peuvent satisfaire aux demandes qu'on leur adresse.

C'est une charmante chose que la distinction ; mais il ne faut pas qu'elle dégénère en prétention et en manières. Il y a des choses communes qu'il ne faut pas dédaigner : rien n'est aussi commun que le soleil, si ce n'est l'amour. Le désir de la distinction doit-il nous porter à renoncer à l'amour et au soleil ?

Tout le monde veut se distinguer, c'est-à-dire attirer et fixer les regards. On use, à cet effet, d'industries extrêmement variées. Il y a eu des moments même où la distinction consistait à avoir, à porter, à dire des choses communes. Le suprême bon genre a été un moment, au café de Paris, de demander, pour son dîner, de la soupe aux choux et un haricot de mouton de portière. Cela se demandait très-haut, avec un regard de côté pour jouir de l'effet qu'on produisait. Les gros paletots, les plus gros gourdins ont fait leur temps. Nous avons vu la mode des vieux chapeaux.

Il paraît qu'il y a des personnes qui trouvent commune l'odeur de la violette, du réséda, du chèvrefeuille, de la verveine, etc. : leurs nerfs irritables ne peuvent s'accommoder de ces odeurs brutales. Un parfumeur vient d'imaginer pour ces personnes d'une si précieuse délicatesse des parfums nouveaux, des parfums qu'il emprunte à des fleurs sans odeur, ou du moins à des fleurs qui ne prodiguent pas leurs émanations au nez du vulgaire et les réservent pour des nez d'élite, — ou bien qui exhalent des parfums si ténus, si éthérés, que, seuls, ces nez d'élite peuvent les saisir ; — nez qui me rappellent l'oreille de ce personnage d'un conte de fées qui écoutait l'herbe pousser, et qui se plaignait d'un grand mal de tête, parce qu'une mouche galopait trop bruyamment sur une vitre.

Ce parfumeur offre à la *fashion* deux parfums tout nouveaux : l'un est l'odeur d'azalée, l'autre l'odeur de camellia. Les azalées qui ont de l'odeur ont celle de la fleur d'oranger ; il est donc probable que ce n'est pas à ces variétés qu'il a été demander ce parfum si plein de distinction et si nouveau ;—c'est incontestablement à des variétés inodores, — inodores du moins pour les nez du commun, comme le vôtre, comme le mien. Le second parfum est l'odeur de camellia pour le *mouchoir*.

Mon bon et spirituel camarade Rolle a, dans le temps, célébré l'odeur enivrante des camellias ; — mais il a avoué, depuis, que le camellia qu'il avait vanté était un magnifique *punctatum* placé au centre d'un énorme bouquet de violettes de Parme.

On a annoncé, il est vrai, sur certains catalogues, un camellia odorant. — On en a vendu, — on en a acheté ; mais l'odeur s'est toujours perdue dans le trajet que faisait la plante du domicile du vendeur à celui de l'acheteur.

Quoi ! parmi toutes ces charmantes cassolettes de rubis, de saphir, de topaze, qui exhalent au soleil tant de si suaves parfums, il ne s'en trouve pas qui plaise à ces gens *distingués* auxquels s'adresse ce parfumeur! Il faut qu'il extraie, par des moyens violents, de l'odeur des fleurs qui l'avaient toujours dissimulée jusqu'ici.

O le plaisant projet d'un poëte ignorant,
Qui de tant de héros va choisir Childebrand!

Mais cet industriel aura beau faire, il sera bientôt déclaré timide, et débordé par des confrères jaloux et plus hardis.

Si le parfum de camellia a du débit, — on ne tardera pas à le déclarer trop fort, brutal, violent, — commun; — et nous verrons mettre en vente successivement l'odeur d'or et d'argent, — l'odeur de perle fine, l'odeur d'émeraude, — l'odeur du soleil et l'odeur de la lune, — l'odeur d'eau de source, qu'on priera de ne pas confondre avec l'odeur d'eau de rivière, — tant on poussera loin l'éducation des nez distingués, délicats et précieux. — J'ai là le nom du parfumeur, mais je ne le dirai pas, — ce serait empiéter sur les droits de la dernière page du journal et lui faire une annonce; — car le ridicule ne tue plus en France, — au contraire.

II.

A LÉON GATAYES

Il y a une question qui vient de faire un pas immense ; ce n'est pas la question de la guerre : tout le monde en parle, excepté ceux qui savent, ou, du moins, ceux-ci disent, non ce qu'ils pensent, mais ce qu'ils veulent qu'on croie.

La question qui a fait un pas immense, c'est la question des abricots.

L'abricotier, dans la plus grande partie de la France, a la mauvaise habitude que voici : quand vient l'hiver, il s'endort et il rêve ; il rêve qu'il est encore dans son pays natal, dans l'Arménie, d'où les botanistes l'appelent *prunus armeniaca* ; puis il s'éveille à moitié par une matinée de printemps où il fait un peu de soleil, et il ouvre ses fleurs blanches. Mais, peu de temps après, une petite gelée vient le surprendre et brûler les étamines de la fleur; la fécondation est impossible, et il n'y a pas d'abricots; c'est pourquoi, tous les ans, dans la moitié de la France, on dit : « Il n'y a pas d'abricots cette année. »

L'homme a, par ses soins persévérants, créé tant de variétés de fleurs et de fruits! — Il s'agirait de chercher et de trouver un abricotier tardif, assez pour être à l'abri des dernières gelées. En attendant, on a essayé de déshabituer les abricotiers que nous avons de faire des rêves et de fleurir trop vite. — Un certain docteur Leclerc a fait, il y a quelques années, une tentative dont les résultats ne sont pas parvenus jusqu'à moi. Le docteur Leclerc n'était pas mû précisément par l'amour des abricots : ses recherches avaient été décidées par un sentiment d'humanité. Il publia, en ce temps-là, une brochure où il s'attendrissait fort sur la pudicité de la sensitive, laquelle contracte ses feuilles, comme presque tous les mimosas, lorsqu'on la touche, ou lorsqu'il fait nuit. — Il parlait beaucoup aussi de la douce sensibilité de la vigne, qui pleure sous la serpette du jardinier. « Pleure-t-elle, au printemps, demandait le docteur Leclerc, les maux et les crimes que les abus du vin produiront à l'automne? ou pleure-t-elle à cause de sa maladie? ou témoigne-t-elle ainsi une horreur de l'eau qui lui fait rejeter toute humidité? »

M. Leclerc ne s'accoutumait pas à voir tailler, c'est-à-dire mutiler les arbres; il imagina, pour leur rendre cette opération moins douloureuse, de les endormir à l'aide de l'éther et du chloroforme.

Ce n'est pas une plaisanterie, le docteur existe.

Voici qu'à son tour M. B... dit un journal belge, le *Courrier de Charleroy*, mû surtout par un vif amour des abricots, vient de tenter une autre expérience.

Il a magnétisé les abricotiers de son jardin. Pour ce qui est du résultat, on le verra dans cinq ou six semaines; il y en a cependant un qui est acquis au procès: c'est l'opinion de M. B... sur lui-même et sur son expérience.

M. B..., dit le *Courrier*, ne doute pas de la possibilité de réveiller les abricotiers lorsque la saison sera assez avancée pour ne plus craindre les gelées; peut-être ne manquerait-il pas d'intérêt de voir le savant magnétiseur M. B... faire des passes devant ses arbres et leur inoculer son fluide; — même scène pour les réveiller.

Un abricotier que l'on ne réveillerait pas ne donnerait naturellement ni fleurs ni fruits; mais on les réveillera tous.

Il reste deux autres dangers à cette opération. Je demande à M. B... la permission d'appeler sur eux son attention.

N'est-il pas possible qu'un abricotier magnétisé devienne lucide, se mette à parler et prédise l'avenir comme les chênes de Dodone? Un abricotier lucide pourrait dire de très-drôles de choses, monsieur B...!

Dans un vieil opéra, Alcidamas s'écrie :

> O Dieu! soyez témoin que je souffre un martyre
> Qui fait fendre le cœur de ce chêne endurci.

Sylvie répond :

> Il faut croire plutôt qu'il s'éclate de rire,
> Oyant les sots propos que tu me fais ici.

D'autre part, le fluide de M. B... ne peut-il exercer une certaine influence féconde sur les espèces ou sur les fruits eux-mêmes? N'en peut-on pas remontrer par hasard une nouvelle variété d'abricots, par exemple, l'abricot-pêche à odeur de M. B...?

Voici quelques faits attestés par des gens vivants, et qui viennent à l'appui des expériences que j'ai rapportées. Cependant, de ceux que je vais citer, j'en sais un qui est mort fou, après avoir fait mourir folle sa femme, qu'il aimait tendrement : c'est Hennequin. Les autres sont, je crois, encore de ce monde, tout en vivant dans un autre.

« A Saint-Quentin, le docteur Picard mesmérise des fleurs, des arbres et des fruits. Il a ainsi produit un abricot qui, après huit jours de magnétisation, avait acquis la grosseur d'un melon; douze personnes en mangèrent chacune une tranche et il en resta. »

(*Union Médicale*, du 25 mai 1856,
citée par le docteur Mabru)

« Certains magnétiseurs prétendent endormir la lune et la font tomber en syncope. »

(ARAGO, *Biographie de Bailly*)

« Hennequin a publié un poëme, *Juanita,* qui lui avait été dicté par sa chaise. »

(HENNEQUIN, *Religion,* p. 610)

« J'ai entendu une table dicter des pages que Dante n'aurait pas trouvées. »

(AUGUSTE VACQUERIE)

« Une personne prend un caillou dans sa main. Par la seule volonté de M. Philips, le caillou devient si brûlant, que cette personne est obligée de le jeter. »

(LOUIS FIGUIER)

« Le magnétiseur Ricard a fait pleuvoir, par la seule force de sa volonté, à Montpellier, sur la place du Pérou. »

(M. DE MIRVILLE, p. 297)

III

A EUGÈNE SUE

En 1801, le célèbre botaniste Hænke découvrit, près du fleuve des Amazones, la plus merveilleuse plante qu'il soit possible d'imaginer : c'était évidemment une *nymphéacée*, c'est-à-dire une plante ressemblante à notre nénufar ou lis des étangs ; mais ses gigantesques proportions lui donnaient l'apparence d'un rêve. En effet, chacune de ses fleurs, flottant sur l'eau, n'avait pas moins d'un mètre et demi d'étendue, quelques-unes mêmes étaient plus grandes. Les fleurs, blanches d'abord, et montrant, lors de leur entier épanouissement, un centre d'un rose vif, avaient trente centimètres de diamètre.

Ces plantes couvraient une sorte d'étang de plus d'un quart de lieue; Hænke, saisi d'admiration, se jeta à genoux dans le bateau qui le portait.

Hænke mourut dans le cours de ses voyages, et ses notes ne furent mises en ordre que très-longtemps après sa mort.

En 1819, M. de Bonpland avait rencontré à son tour la *victoria regia* au Paraguay; il en envoya des graines en Europe; mais elles ne germèrent pas. Il paraît que la plante de Hænke et celle de Bonpland offrent quelques différences. Ainsi la plante vue par M. Bonpland a les feuilles vertes dessus et dessous, tandis que celle de Hænke a le dessous des feuilles d'un pourpre violet. De là grande rumeur, parce que M. d'Orbigny, qui a rencontré, en 1827, sur les frontières du Paraguay, la plante de Bonpland, lui a donné le nom de *victoria cruziana*, et a envoyé, la même année, au muséum de Paris, un dessin avec des fleurs et des feuilles desséchées; tandis qu'il ne trouva la plante de Hænke qu'en 1833, un an après que Pœppig l'avait rencontré, et lui avait donné le nom de *euryale amazonica*, en place du nom de *mururu* que lui donnaient les indigènes.

En 1837, sir Robert Schomburgh, explorant la Guyane anglaise, envoya un portrait de la même plante, celle de Hænke, en Angleterre, en la désignant sous le nom de *nymphœa victoria*.

En 1847, M. E. Gray la décrivit dans le *Journal de Botanique*, sous celui de *victoria regina*.

Trois mois plus tard, le docteur Lindley publia les dessins de sir Robert Schomburgh, et baptisa la plante du nom de *victoria regia*.

M. Gray se fâcha.

Sir Hooker demanda qu'on appelât la nouvelle nymphéacée *victoria reginœ*, pour des raisons d'analogie.

M. Sowerby réclama le nom de *victoria amazonica* pour se rapprocher du nom imposé par Pœppig.

Déjà auparavant, M. d'Orbigny avait publié ses réclamations dans l'*Écho du monde savant*.

La guerre fut allumée, il coula beaucoup d'encre ; mais la plante n'était pas encore arrivée en Europe. — En 1837, sir Robert Schomburgh en avait envoyé des pieds, qui étaient morts en route.

En 1846, M. Bridges, célèbre collecteur, alla exprès chercher des graines, et les rapporta dans un bocal plein de terre humectée. Le jardin de Kew en acheta vingt-cinq : deux seulement germèrent ; mais les plantules périrent presque aussitôt.

En 1848, un médecin anglais envoya des plantes

et des fruits. Les rhizomes arrivèrent putréfiés, et les graines ne germèrent pas.

En 1849, des Anglais demeurant à Georges-Town se cotisèrent pour envoyer une expédition d'Indiens, qui leur rapportèrent trente-cinq pieds de la merveilleuse plante; mais les trente-cinq pieds périrent tous.

Enfin deux médecins, MM. Hugues Rodie et Luckie, envoyèrent des graines au jardin de Kew. Ces graines, transportées dans de petites fioles d'eau pure, arrivèrent le 28 février 1849. Le 23 mars suivant, six plantes étaient levées et se portaient bien. Une de ces six plantes, transportée et cultivée à Chastworth, chez M. le duc de Devonshire, fleurit le 8 novembre 1849.

Une seconde fleurit le 10 avril 1850, chez M. le duc de Northumberland.

Enfin une plante née de graine à Chastworth, en février 1850, fut apportée à Gand, chez M. Van Houtte, célèbre horticulteur, le 26 mai de la même année, et le 5 septembre suivant s'ouvrait sa première fleur.

Tout ce que je viens de vous raconter est tiré assez laborieusement de l'histoire complète de la *victoria regia*, que vient de publier la *Flore des serres et jardins de l'Europe*.

Je renvoie à la *Flore* ceux des lecteurs qui voudront avoir des détails sur les constructions de l'habitation du palais de verre que M. Van Houtte a fait construire pour sa nouvelle hôtesse, et sur l'appareil de chauffage et la culture de la *victoria regia*. La serre doit avoir une température de vingt-huit degrés centigrades, que le soleil élève jusqu'à trente-cinq, et l'eau, une chaleur de vingt-neuf à trente-deux degrés centigrades. Un volume entier est consacré à la *victoria regia*. Avec les renseignements qu'on y trouve, on peut facilement établir son domicile et la cultiver. Malheureusement, ce domicile et le chauffage sont chers, et il n'y a que peu de personnes qui pourront voir fleurir chez elles un des plus magnifiques végétaux qui existent. Mais c'est un luxe que la ville de Paris se doit à elle-même; c'est plus curieux et plus agréable qu'un ours, et ça ne coûterait pas aussi cher à entretenir que les huit ou dix hyènes qui composent aujourd'hui le fonds de la ménagerie du jardin des Plantes. J'espère bien que l'administration du muséum va se mettre en mesure de confier à M. Neumann, le directeur des serres, une jeune *victoria regia*, que les Parisiens ne tarderont pas à admirer, grâce à la rapidité de végétation de cette magnifique nymphéacée, rapidité aussi extraordinaire que sa splendeur et ses dimensions.

Il serait honteux qu'on hésitât. Même pour un particulier, il sera désormais bien misérable d'avoir une serre chaude sans y préparer un asile pour la *victoria regia*; seulement, je ne cache pas aux amateurs que, pour qu'elle vive un peu à l'aise, et puisse y étaler ses feuilles et ses fleurs, ce n'est pas trop d'un bassin de huit mètres vingt centimètres de diamètre, et de un mètre quatre-vingts centimètres de profondeur.

Consolons maintenant un peu ceux qui ne verront peut-être jamais cette riche plante, et aussi ceux qui comme moi la verront, mais ne la posséderont pas, et parlons des richesses gratuites ou à peu près qui peuvent s'épanouir dans les eaux de nos jardins, dans un bassin, dans une mare, dans un tonneau même. Je ne connais, sans aucun doute, pas toutes les plantes aquatiques; il y en a d'autres que j'ai vues, mais que je n'ai pas cultivées; quelques-unes que je ne connais que de réputation. Je parlerai discrètement de ce que je n'ai pas vu moi-même, et j'en avertirai mes lecteurs.

Pour ceux qui n'ont pas vu la *victoria regia*, le nénufar blanc, le lis des étangs, est sans contredit la plus belle des plantes aquatiques, et une des plus belles plantes qu'on connaisse.

Ses feuilles rondes, d'un beau vert, de la largeur d'une assiette, et flottant sur l'eau; ses larges fleurs blanches et doubles en forme de volant, épanouies pendant tout l'été, en font un magnifique spectacle.

On l'appelle en grec, νυμφαία; — en latin, *nymphœa*; — en italien, *nenufaro*; — en allemand, *wasserlilie*; — en anglais, *waterrose*; — en hollandais, *zeebloem*; — en danois, *soeblomster*; — en polonais, *grzybienie*; — en russe, *kubischka*; — en arabe, *nilufar*.

Ne pensez pas que je veuille vous faire croire que je sais toutes ces langues : j'ai trouvé ces noms dans un livre ; et, comme cela m'intéresse, je veux partager avec vous le petit plaisir que j'en retire.

Le nénufar jaune est moins splendide, mais c'est encore une fort belle plante ; ses feuilles presque aussi grandes sont plus allongées, et non plus grandes et plus rondes, comme dit un livre très-intéressant, la *Flore médicale*. Sa fleur est beaucoup plus petite, simple, mais d'un très-beau jaune; tous deux se multiplient par des tronçons de racines que l'on plante à une profondeur de deux à six pieds d'eau, dans une terre qui n'a pas besoin de beaucoup d'épaisseur. En général, la terre qui convient aux plantes aquatiques est un mélange de sable et de terre franche.

Le nénufar blanc a une odeur douce et faible; l'odeur citrique du jaune est plus forte, mais a plutôt l'air de sortir de la boutique d'un parfumeur que du calice d'une fleur. J'ai vu des nénufars cultivés dans de grandes tonnes, où ils fleurissaient très-bien. Le *Bon Jardinier* dit que le nénufar blanc fleurit de juin en août; il serait mieux de dire : de mai en septembre. L'apparition des feuilles du nénufar à la surface de l'eau est pour les jardiniers un signe qu'il n'y a plus de gelées à craindre, et beaucoup d'entre eux attendent cette apparition pour sortir les orangers.

Le nénufar a une mauvaise réputation fort usurpée ; je ne sais si c'est à cause de cette réputation que les phalanstériens l'ont en horreur, mais j'ai un peu perdu des bons sentiments du spirituel Toussenel depuis qu'il a appris que je le cultive dans mon jardin. L'électuaire de chasteté, le sirop de nénufar, le miel et l'huile de nénufar, n'ont aucune vertu, et les paysans suédois mêlent dans le pain, à la farine, de la racine de nénufar râpée, sans aucun inconvénient. Les Égyptiens mettaient d'ordinaire un nénufar sur la tête d'Osiris.

Le *pontederia cordata* n'est que depuis un an dans la mare, alimentée par une petite source, où je cultive mes plantes aquatiques, et il n'y a pas encore fleuri, mais il a élevé de grandes feuilles d'un beau vert, ovales et échancrées à la base, à près de trois pieds hors de l'eau. Je lis dans un petit ouvrage de M. Pépin, que ses fleurs sont disposées en épi droit de quatre à cinq pouces de long, et sont d'un *beau bleu*. Je me défie du *bleu de jardinier*; je vous l'ai déjà dit : le bleu, vu la rareté de cette couleur, est attribué parfois aux plantes un peu trop libéralement.

Mes deux pieds de *pontederia* sont forts, et j'en verrai sans doute la fleur cette année, de mai en septembre, durée de la floraison de cette plante ; elle se multiplie par éclats du pied, ce qu'il faut faire en avril et en octobre, c'est-à-dire avant et après la période de végétation.

Il est une erreur assez répandue, même chez certains jardiniers : c'est qu'il faut séparer et transplanter les végétaux pendant l'hiver légal, l'hiver de l'almanach. La plupart des végétaux, en effet, cessent de se développer, du moins d'une façon apparente, dans cette saison, mais non pas tous ; il faut prendre chaque plante dans son hiver à elle, c'est-à-dire pendant son sommeil. Cependant ce n'est pas au milieu de cette phase de torpeur, mais au commencement ou à la fin, que le moment est le plus favorable ; ainsi, j'ai toujours vu réussir surtout les plantations faites en novembre, quand la séve circule encore lentement, et je préfère les transplantations exécutées à la fin de l'hiver à celles que l'on fait au milieu.

Il est encore à cela quelques exceptions, ou plutôt des exemples de ce principe porté plus loin. Nous en citerons une tout à l'heure à propos de l'*arundo donax.* — Il nous en vient une autre en mémoire. — L'anémone hépatique, très-délicate à la séparation des pieds, supporte beaucoup mieux cette opération, ainsi que celle de la transplantation qui en est la suite, au moment de sa floraison.

Revenons au *pontederia.* — Son pied ne doit être couvert que de six à huit pouces d'eau ; c'est assez, du reste, pour que la plante passe nos hivers à l'air libre, — contrairement à l'assertion du *Bon Jardinier*, qui la signale comme étant d'orangerie. — Il est vrai que l'exemplaire du *Bon Jardinier* que j'ai sous les yeux est de 1841, et que l'article peut avoir été corrigé depuis.

J'ai planté également, il y a un an, la *péronie* ou *thalia dealbata,* mais elle n'a pas poussé du tout.

M. Pepin assure qu'elle passe l'hiver à l'air libre, pourvu qu'elle soit couverte de huit à dix pouces d'eau. M. Armand Gontier, de Fontenay-aux-Roses, ne la cultive pas autrement, ce qui est encore contraire à l'opinion du *Bon Jardinier*... de 1841. La péronie élève, dit-on, à plusieurs pieds au-dessus de l'eau, de grandes feuilles ovales et des fleurs en épi, les uns disent d'un rouge violacé, les autres rose, les autres d'un pourpre foncé. Je ne serais sans doute pas dans cette incertitude sans la fâcheuse habitude que prennent les jardiniers, de plus en plus chaque jour, de séparer les plantes en fractions trop petites ; car j'avais planté deux pieds de *thalia dealbata*. Cette habitude cause la perte de beaucoup de plantes. Il n'est guère d'amateur cependant qui ne consentît volontiers à payer une plante un peu plus cher, à la condition d'en recevoir des exemplaires plus forts. Les dérisoires fragments qu'on reçoit le plus souvent ou périssent dans la même saison, ou sont fort longtemps avant d'avoir pris assez de développement pour donner des fleurs.

Le *butome* ou *jonc fleuri*, pour ne pas venir de la Virginie et de la Caroline, comme le *pontederia* et la péronie, n'en est pas moins une charmante plante qui pousse d'elle-même sur le bord des rivières un peu lentes et des étangs. Submergé l'hiver, il a souvent le pied sans eau pendant l'été ; cependant, dans mon jardin, il est constamment immergé sous près de deux pieds d'eau, et fleurit très-bien. Le butome, de juin en août, élève, du sein de feuilles triangulaires, en forme d'épée, une tige droite, verte, ronde, sans nœuds, de deux à trois pieds, couronnée d'une ombelle de fleurs séparées par de longs pédoncules, et d'un rose approchant du rose de la fleur du pêcher. Le butome doit être planté de préférence dans du sable argileux.

Le *ményanthe* ou *trèfle d'eau* est également une plante de notre pays.

On l'appelle en latin *menyanthes palustris* ; — en italien, *meniante* ; — en anglais, *mars trefoil* ; — en allemand, *wasserklee* ; — en hollandais, *water drieblad* ; — en polonais, *cwikla lesna* ; — en russe, *trilistnik*.

Le ményanthe a pour tige une souche noueuse et rampante, ses feuilles sont tout à fait semblables à celles du trèfle, sa fleur est un épi de petites fleurs roses avant leur épanouissement, blanches après ; les pétales de la fleur sont bordés de filaments extrêmement fins, qui lui donnent l'apparence d'être faite de plumes.

Le ményanthe ne doit pas être placé à plus d'un pied sous l'eau ; trois ou quatre pouces lui suffisent. En Angleterre, on emploie quelquefois le ményanthe à la place du houblon dans la fabrication de la bière. Il n'est pas moins amer. On s'en sert en médecine.

Le *typha, roseau à musseth*, celui que les Juifs mirent aux mains du Christ pour figurer un sceptre dérisoire, s'élève très-majestueusement du milieu de l'eau ; sa tige est d'un beau vert, droite, et terminée par un épi de fleurs si serrées, qu'il semble en velours brun. Les racines, dans leur jeunesse, ont un goût assez agréable, et, dans certains endroits, on les confit au vinaigre comme des cornichons ; avec les feuilles on fait des toitures qui, dit-on, durent plus longtemps que le chaume ; avec le duvet qui compose les épis, on a fait des matelas et des coussins, on les a cardés et feutrés, et, en les mêlant à du poil de *lapin*, on en a fait des chapeaux de *castor*.

Je vous ai parlé plusieurs fois de l'*aponogeton distachyon*, mais je dois me répéter un peu pour placer dans ce chapitre toutes les plantes aquatiques. Cette charmante plante est originaire du cap de Bonne-Espérance. Elle a été introduite en Angleterre en 1788. — M. Jacques, jardinier du feu roi

Louis-Philippe, la cultivait dans le domaine de Neuilly, dès 1819; mais il la rentrait l'hiver en orangerie. Cependant, il écrivait, en 1835, qu'il pensait qu'elle pourrait vivre à l'air libre dans un bassin suffisamment profond.

En serre chaude, où je l'ai vue souvent, elle est beaucoup plus petite et maigre; en serre tempérée, ses feuilles et ses fleurs sont loin d'acquérir toute leur dimension. Ainsi, M. Jacques donne à ses feuilles trois ou quatre pouces de long. M. Pepin, jardinier du jardin des Plantes de Paris, qui l'a cultivée dehors depuis 1830, porte la grandeur des feuilles à huit pouces. Je la cultive également dans un bassin de mon jardin depuis dix ans, et ses feuilles dépassent presque toutes même les dimensions indiquées par M. Pepin. Ces feuilles sont longues, ovales, et d'un très-beau vert. Les fleurs forment comme un double épi, et ressemblent à un coquillage; elles sont d'un blanc pur, et parsemées d'étamines noires; elles exhalent une odeur très-suave, que M. Pepin compare à tort à celle de la fleur d'oranger. M. Jacques la signale comme une odeur particulière et très-agréable. Je suis de l'avis de M. Jacques. J'ajouterai que s'il faut classer cette odeur, je dirai qu'elle ressemble à la vanille.

L'aponogeton fleurit plusieurs fois dans l'année ; je le tiens sous l'eau à une profondeur qui varie de dix-huit pouces à trois pieds.

La *sagittaire*, qui vient avec les butomes au bord des étangs et des rivières paresseuses, a des feuilles qui semblent autant de fers de flèche que lanceraient au ciel des tritons insurgés. Sa fleur est un épi de fleurs à trois pétales blancs, avec le centre d'un violet pâle. Au haut de l'épi, sont les fleurs mâles, reconnaissables à leurs étamines jaunes ; elles s'épanouissent en juin et juillet. Quand on les prend au bord des rivières ou des étangs pour les transplanter dans les eaux des jardins, il faut prendre un soin que je n'ai appris que par ma propre expérience, ne l'ayant trouvé indiqué dans aucun livre.

Vous aurez beau arracher cent fois des pieds de sagittaire et les replanter, ils mourront. Ce n'est pas le pied qu'il faut planter, mais les bulbes ovales, de la forme et de la grosseur d'une olive, qui se trouvent en chapelet à l'extrémité de tiges souterraines qui partent de la racine, et que l'on brise et laisse au fond de l'eau, presque toujours en arrachant la plante. Vos bulbes plantées à la profondeur de six pouces à un pied sous l'eau, vous pourrez croire l'année d'après que vous vous êtes trompé, et que la plante qui végète n'est pas la fléchière ou sagittaire que vous avez cru recueillir. Les premières feuilles qui monteront à la surface de l'eau seront de longues lanières vertes, semblables aux feuilles de la *vallisnérie*, dont nous ne parlerons pas ici, parce qu'elle ne vit que dans les eaux rapides et profondes des grands fleuves. Au bout de quelques jours, ou ces rubans changent de forme et se développent, ou il leur succède d'autres feuilles semblables à celles que nous avions remarquées, les premières feuilles en forme de flèche; ou ont la pointe émoussée, et il survient une troisième espèce de feuilles, ou bien la feuille passe par trois formes différentes. Il n'est pas rare, cependant, de voir les plantes aquatiques avoir deux sortes de feuilles, l'une immergée et l'autre natante, et très-différentes l'une de l'autre. L'anémone, ou renoncule aquatique, et le *potamogéton* en offrent facilement des exemples.

La *sagittaire de la Chine*, que je ne connais pas, est, dit-on, plus belle.

Il y a encore la *villarsie*, plante relativement insignifiante, étalant sur l'eau des feuilles d'un à deux pouces, qui imitent celles du nénufar, et des fleurs semblables à celles du melon.

Le *calla palustris*, dont la fleur est un cornet vert

en dehors, blanc en dedans. On en cultive dans les jardins une très-belle variété exotique.

Le *papyrus*, ou *souchet* à papier, dont le feuillage est semblable au palmier, ne peut passer dehors que les mois d'été, et exige la terre chaude pendant l'hiver, etc., etc.

Passons maintenant à quelques plantes qui vivent dans l'eau, ou se contentent d'un terrain humide, ou seulement largement et fréquemment arrosé.

Nous dirons ensuite les arbres qui se plaisent au bord de l'eau.

Une des choses qui me choquent le plus dans les jardins est le défaut d'harmonie : ainsi des rosiers au bord de l'eau, à moins que ce ne soient des églantiers ; des myosotis dans un parterre me chagrinent les yeux, comme une fausse note me chagrine l'oreille.

Un jardin où tout est à sa place, à part même la végétation plus belle et vigoureuse, donne un sentiment de bien-être qui provient de toute harmonie.

Un jardin harmonieux — pardon du gros mot — ne vous fait pas subir cette impression pénible que l'amateur des jardins ressent de temps à autre, en rentrant chez lui, après s'être promené dans la campagne. C'est qu'un petit coin de bois, une colline, un bout de prairie, une mare, sont plus jolis que son jardin cultivé à grands frais.

C'est que la mare, le bout de prairie, le coin de bois, la colline sont harmonieux, c'est que tout y est à sa place, et que tout s'y porte bien.

Il y a des harmonies de plantes, de formes, de couleurs. Il m'arrive parfois de mettre, comme un peintre à un tableau, un ton rouge ou jaune à telle place, en y plantant telle ou telle plante. Avec des saules bleuâtres, des oliviers de Bohême et des peupliers ypréaux aux feuilles blanches par-dessous, on recule pour les yeux un jardin de dix pas. Le jaune et le violet mis à côté l'un de l'autre sont plus jaune et plus violet, etc., etc.

Dans l'eau, ou au bord de l'eau, ou avec de fréquents arrosements végète vigoureusement et s'étend rapidement l'isis de marais ou faux acorus.

En latin, *iris pseudoacorus*, ou *iris palustris lutea* selon Tournefort; — en italien, *iride gialla*; — en espagnol, *lirio espadanal*; — en anglais, *yellow iris*; — en allemand, *wasserschwertel*; — en hollandais, *gell lisch*; — en polonais, *mieczyk z'olty*; — en russe, *kasatnik*.

L'iris de marais porte sur une haute tige des fleurs d'un jaune très-éclatant. Derrière ces iris, pour l'harmonie de la forme, j'ai planté, mais en terre non humide, les autres espèces d'iris à rhizomes. C'est un des plus beaux groupes de fleurs qu'on puisse voir; j'en ai une cinquantaine de variétés. Les iris à oignon sont dans une autre partie du jardin, et ne s'accommodent pas de la même culture. Les Écossais font bouillir la racine de l'iris des marais avec de la limaille de fer, et en font de l'encre. On a essayé de substituer ses graines torréfiées au café. D'autres variétés donnent un beau vert pour la peinture, par la macération de leurs fleurs avec de la chaux. L'iris de Florence et quelques autres reproduisent, par leurs racines, l'odeur de la violette ; on en fait grand usage en parfumerie. La poudre d'iris est un puissant sternutatoire ; on l'a vue guérir des maux de tête et des maux de dents.

Le *populage* ou *caltha palustris,* comme l'iris jaune, vient le pied dans l'eau ou simplement dans un sol largement arrosé au moment de la végétation. Ma terre est un peu sablonneuse; mais aussitôt que je vois poindre les feuilles des populages, je donne chaque jour un grand seau d'eau à chaque touffe. Le populage est un très-grand bouton-d'or simple ou double; chaque fleur est de la largeur d'une pièce de cinq francs ; les feuilles sont abondantes, rondes et d'un beau vert. Il fleurit au printemps. Dans les mêmes conditions de culture est le myosotis scorpioïde, *ne-m'oubliez-pas; forget-me-not* des Anglais; *vergissmeinnicht* des Allemands. On sait la tradition : Deux fiancés se promenaient sur le bord du Rhin ; le jeune homme voulut cueillir la jolie fleur bleue, il glissa et se noya dans le Rhin ; mais en disparaissant il jeta sur le rivage une poignée de *vergissmeinnicht*, ne-m'oubliez-pas.

En tondant les myosotis quand la fleur est passée, on a une seconde floraison, et des fleurs pendant tout l'été.

La *cardamine* des prés est une sorte de cresson ; on mange même ses feuilles en place de cresson. La variété à fleurs doubles ressemble à la julienne double violette, mais elle est beaucoup moins belle; son avantage est de n'avoir aucun besoin de culture : elle vient en terre humide ou doit être fort arrosée ; elle fleurit en mai, et souvent pendant tout le mois de juin, pourvu qu'elle ait le pied assez humide. On trouve la variété à fleurs doubles à l'état sauvage.

Au mois de juin fleurit dans les prés le beau géranium bleu. Il a besoin de beaucoup moins d'eau que les cardamines, les myosotis, etc. Il a de grandes fleurs de la couleur du lin, et que les abeilles aiment beaucoup. J'en ai une variété à fleurs panachées de bleu et de blanc. On m'en a envoyé une variété à fleurs doubles, mais elle n'a pas encore fleuri.

Une plante qui est d'un très-bel effet au bord de l'eau, quoiqu'elle n'ait pas besoin d'humidité dans nos pays, c'est l'*arundo donax*, le roseau à quenouille ; il s'élève à huit, dix, et quelquefois quinze pieds. Les renseignements qu'on trouve dans la plupart des livres sont faux. Il se multiplie par la division des pieds, mais seulement au printemps, quand il commence à pousser ; divisé en toute autre saison, il est à peu près certain qu'il périt. Le *Bon Jardinier* parle de sa fleur, mais conseille en même temps de couper ses tiges au mois d'octobre. Or, comme il ne fleurit que la seconde ou la troisième année, on n'a aucune chance de la voir. Il est bon de couper les tiges, en effet ; mais il est bon aussi d'en laisser une ou deux sur une des touffes. L'année suivante, si l'hiver n'est pas très-rude, ces tiges se ramifient et peuvent fleurir. La fleur est une longue panicule d'un rouge brun. Les anciens en faisaient des flèches, *lethalis arundo* ; des cannes, *equitare in arundine longa* ; des flûtes, *meditabor arundine musam*. La variété à feuilles panachées est très-délicate. Je n'ai jamais pu la conserver trois ans, j'y ai renoncé ; mais je la remplace par une espèce très-rustique et très-vivace qui ne s'élève pas à plus de deux ou trois pieds, et n'est pas plus grosse qu'une plume à écrire ; ses feuilles sont très-agréablement rubanées, et panachées très-irrégulièrement de blanc, de jaunâtre, de vert, et des nuances intermédiaires ; les jeunes feuilles ont, en outre, des panachures roses. On appelle vulgairement cette plante, herbe à rubans ; son vrai nom est, je crois, *calamagrostis*.

Je ne vous parlerai longuement ni du cochléaria qui orne encore le bord des eaux, ni d'une petite véronique à fleurs d'un bleu sombre appelée *beccabunga*.

Le cresson de fontaine, planté au bord de l'eau, y forme une charmante verdure.

Le cresson s'appelle en latin *sisymbrium nasturtium* ; — en italien, *agretto* ; — en espagnol, *berro* ; — en anglais, *water-cresses* ; — en allemand, *brunnenkress*.

Il me reste à vous parler des colchiques qui émaillent à l'automne les gazons, comme les crocus au printemps ; mais ceux-ci, ainsi que les safrans, ne s'arrangeraient pas du terrain humide où se plaisent les colchiques.

Le colchique s'appelle en latin *colchicum* ; — en

italien, *giglio matto*; — en espagnol, *quitameriendas*; — en anglais, *meadow saffron*; — en allemand, *zeitlose*; — en polonais, *cimovit*; — en hollandais, *naatke vrouwen*.

Le paysan anglais l'appelle, dit-on, *dame nue*, parce que la fleur paraît à l'automne sans ses larges feuilles, qui ne sortent de terre qu'au printemps suivant. D'ordinaire, les fleurs du colchique sont d'un lilas plus ou moins pâle. C'est de cette couleur que je les ai vu couvrir les prairies de la basse Normandie, et celle qu'arrose la Marne autour de Châlons. On m'assure que dans les prairies des bords de la Meuse les colchiques sont blancs. Du reste, la variété blanche est connue; je l'ai quelquefois trouvée, mais rarement, dans les prairies de la Marne, et dans la vallée d'Auge. Il y a une variété à fleur double et une autre qui vient du Levant, et qui est panachée en carré de damier, comme la fritillaire méléagre. Il faut transplanter les colchiques vers la fin de mai, quand les feuilles se flétrissent; si on les laisse en terre jusqu'au mois d'août, il est probable qu'ils périraient.

Quand je vous aurai parlé du jonc aggloméré, *juncus conglomeratus*, du jonc épars, *juncus effusus*, et du jonc des jardiniers, *juncus tenax*, qui servent, le premier, à faire des mèches de veilleuse ; les deux autres, à palissader les arbres, à lier les plantes, etc.

Je vous aurai dit tout ce que je sais, tout ce qui peut orner harmonieusement une mare, une petite rivière, un ruisseau, un bassin et leurs alentours. Joignez-y les divers saules ; les osiers, dont les uns sont jaunes, les autres rouges ou violets, les aunes, dont la jolie variété à feuilles découpées est sauvage dans la basse Normandie. Ajoutez-y ce que je ne sais pas, et ce que votre propre expérience peut vous apprendre : et vous formerez un petit coin de paysage toujours riche, toujours varié ; les libellules étincelantes viendront achever le tableau, ainsi que les hydrophiles et les autres insectes aquatiques.

IV

A LÉON GATAYES

La brune violette, améthyste vivante,
Dans l'herbe épanouit sa corolle odorante;
Sur ses rameaux armés qui protégent les nids,
L'aubépine en parfum amer et doux s'exhale.
Cependant sur l'étang le nénufar étale
Et son large feuillage et l'orgueil de ses lis,
Tandis que, du sommet d'un arbre ou sa fleur grimpe,
Le chèvrefeuille épand son parfum enivrant,
Qui fait songer parfois qu'il descend de l'Olympe
L'arome du nectar que Jupin souriant
Aura laissé tomber de sa coupe trop pleine.
Dans le sable brûlant de la rive africaine,
Sous les plus chauds baisers du plus ardent soleil,

Le cactus ouvrira son calice vermeil,
Tandis que du daphné les petites fleurs vertes
Aiment des bois obscurs les retraites couvertes,
Où pour le rossignol mûrissent leurs grains noirs,
Que leur paye en chansons le poëte des soirs.
La giroflée, aux jours froids, lance de sa gousse
Ses graines, petits œufs noirs que sème le vent,
Que couve le soleil. — Il arrive souvent,
Lorsque revient avril et son haleine douce,
Que l'une en un bon sol tombe, végète et pousse
Vigoureuse, touffue et d'un beau vert vivant;
Et qu'une autre, emportée au hasard, se cramponne
Au sommet lézardé des ruines d'un mur.
Quoique petite et grêle, elle aura sa couronne;
Ses fleurs d'or brilleront sur un beau fond d'azur,
Et, demandant au ciel la fraîcheur refusée
Par la terre marâtre, — à ce beau ciel si pur
En doux parfums ambrés renverront sa rosée.
Voilà l'égalité, tout a sa place et vit,
Libre, heureux, tout sent bon et tout s'épanouit.

V

A VALIN

PÊCHEUR A ETRETAT

Où êtes-vous en ce moment, mon cher ami? raccommodez-vous vos filets dans cette roche creuse où nous avons quelquefois dîné ensemble, ou dans votre jardin que vous aimez tant? séparez-vous les pieds de ces belles passe-rouges que vous avez dans le temps partagées avec moi?

Moi, je suis à Paris, — et je viens de traverser le jardin des Tuileries,—le jardin du roi, et j'ai pensé à vous et à votre jardin.

Combien de fois, l'hiver, au coin de votre grande cheminée, m'avez-vous raconté de ces belles histoires qui se passaient quand vous étiez marin de la garde de l'empereur! — Vous voudriez bien, en échange, vous qui aimez tant les belles fleurs, que je vous racontasse tout ce que j'ai vu dans le jardin du roi de France.

Je vais vous le dire, mon cher Valin, — et vous serez plus étonné encore que vous ne l'espérez.

Le jardin des Tuileries est un beau et grand jardin magnifiquement dessiné ; une partie est ombragée par des tilleuls et de grands marronniers;—l'autre partie offre aux fleurs de l'air, du soleil et un sol excellent ; combien de belles fleurs doivent y réjouir les yeux et y enivrer les sens !

Hélas! mon cher ami, je vais vous dire comment, sous ce rapport, on traite le roi de France, et vous aurez, j'en suis sûr, grand'pitié de lui. Je vous autorise dès aujourd'hui à lui offrir la moitié des œillets de poëte si variés que vous m'avez promis.

Je vais faire au hasard le tour d'un des carrés consacrés aux fleurs, qui entourent celui des bassins qui est au pied du château. Je vais vous dire quelles fleurs on y a rassemblées, — et j'y ajouterai la valeur de chacune de ces fleurs prises au marché aux Fleurs.

Ce carré renferme mille plantes.

Sur ces mille plantes, il y a cent corbeilles-d'or;

—cette plante, vous savez, qui pousse chez moi dans les fentes d'un vieux mur, au-dessus de la porte de mon jardin. La corbeille-d'or (*alysse saxatile*) se vend au marché deux sous la touffe.

Malheureux Valin, vous avez l'été dernier arraché et jeté hors de votre jardin tant de ces thlaspis blancs dont la graine avait envahi vos plates-bandes ! Il ne faut rien jeter : il y a tant de pauvres gens auxquels ce que nous jetons peut être utile. Vos thlaspis blancs auraient fait bien plaisir au roi, — non pas qu'il en manque précisément aux Tuileries ; — car sur les mille plantes du carré que nous examinons, il y a cinq cents thlaspis blancs, mais il paraît que c'est une fleur que le roi affectionne particulièrement.—C'est un peu comme la note de Bilboquet,—cette note toujours la même, mais qui doit faire plaisir à ceux qui l'aiment. — Vous n'achetez pas de thlaspis blancs, mon cher Valin ; mais si vous en achetiez et qu'on voulût vous les faire payer un sou la touffe, vous crieriez au voleur et vous auriez raison.

J'aime beaucoup la violette ;—j'en ai, vous savez, une pelouse où il y en a dix-huit variétés.—Ce carré du jardin du roi en possède quatre-vingt-trois pieds, mais tous d'une seule et même variété : — supposons qu'elle vaille deux sous le pied,—c'est cher,—

mais il faut bien que tout le monde gagne sa vie.

A l'autre extrémité du mur où fleurissent mes corbeilles-d'or, j'ai sur la crête, entre deux pariétaires, un pied de gueule-de-loup qu'un oiseau aura semé ;—le roi est plus riche que moi. M. Colin, son jardinier, lui en a accordé seize, qui ornent à intervalles égaux—le carré dont nous faisons le tour : —cela vaut encore un sou la pièce.

Mais que vois-je ?—voici une fraxinelle ! — quelle magnificence ! — Je vous défie d'en trouver une par le marché aux Fleurs à moins de douze sous.—Je ne m'étonne pas si le budget est si lourd : une plante de douze sous ! Heureusement qu'il n'y en a qu'une. Mais je ne sais comment excuser les deux pavots à bractées valant chacun dix sous, et la pivoine rose du prix de soixante-quinze centimes, qui avec orgueil surgissent dans les plates-bandes de Sa Majesté.—Ce doit être un présent de quelque souverain étranger : M. Colin n'aurait pas fait cette folie.—On ne pouvait grever la liste civile de deux pavots à bractées et d'une pivoine rose.

Ah ! parlez-moi, par exemple, de la giroflée jaune, de la giroflée des murailles ;—il y en a dix-neuf. — Ce n'est pas avec ces fleurs-là qu'on ruine les États et qu'on pressure le peuple.

Les catalogues des jardiniers présentent trois mille variétés de roses; — il y en a huit cents qui offrent réellement de notables différences entre elles ; — il y en a deux cents qui sont belles.

On ne connaissait que quatre roses sous Louis XIV; — il n'y en a que trois variétés dans le carré en question : — vingt-cinq rosiers à cent feuilles, — vingt-cinq des quatre saisons, — trente-huit du Bengale, — pas un de plus.

— Il faut compter encore : — cinq passe-roses à cinq sous, — seize campanules à deux sous, — vingt ellébores à quatre sous; — vingt-quatre chrysanthèmes, en deux vieilles variétés, à cinq sous la touffe, — six pivoines communes de la même valeur. — Voici déjà neuf cents plantes sur mille ; — le reste est en coquelourdes, — en valérianes grecques, — en ancolies, — en saxifrages, plantes vulgaires et sans valeur, — que je ne méprise pas, — mais qui ne doivent pas faire exclure les autres, qui sont plus belles et plus rares.

Tous les carrés sont pareils; — il y en a onze : — cela fait cinq mille cinq cent quatre-vingt-dix-neuf thlaspis blancs. — C'est beaucoup de thlaspis blancs.

Il y a cependant deux carrés qui ont triples plates-bandes ; ceux-là renferment quelques variétés de rosiers greffés ; — mais ils sont remarquables surtout par l'énorme quantité de soucis qui les décorent; — est-ce une allusion spirituelle que M. Colin aura voulu faire aux soucis de la royauté? — Celui de ces deux carrés qui est du côté de la terrasse du bord de l'eau possède six cents pieds de souci ! — C'est cruellement expier les quelques rosiers dont on s'est permis le luxe dans ces carrés.

Voilà, mon cher Valin, le jardin qu'on a l'audace de faire au roi. Voyez — que de belles plantes et de charmantes fleurs il vous faudrait arracher pour que votre jardin ressemblât à celui du roi !

Vous êtes fâché de n'avoir qu'un rhododendrum, — le roi n'en a pas un, — il n'a pas un magnolia, pas une pivoine en arbre,—pas un pyrus, — pas une glycine, — pas un œillet, — pas une anémone ni une renoncule, — pas une seule plante valant plus de quinze sous ; — et celles-là sont rares, mais seulement chez lui.

Il y a des paulownias au Palais-Royal, — mais aux Tuileries on attend : — un paulownia coûte encore quarante sous... On attendra.

Voyez donc comme nous sommes riches, mon cher Valin !

Comment se porte votre *hépatique* double à fleurs bleues ? — Elle va bientôt fleurir. — Si ce pauvre roi en avait une comme cela ! — Mais il faudrait y mettre vingt sous, — peut-être trente. — C'est bon pour vous, — c'est bon pour moi ; — mais M. Colin ne s'y retrouverait pas. — On assure qu'on ne lui donne que trente-six mille francs — pour l'entretien du jardin.

Adieu, mon cher ami.

P. S. Cette lettre a été écrite en 1847. — Depuis, mon pauvre ami Valin est mort en tombant, pendant une nuit brumeuse, du haut des falaises, en accomplissant ses fonctions de garde-pêche. C'était un homme excellent et très-intelligent. Tout le pays le regrette comme moi.

L'exposition de mars 1853 a lieu sous une immense tente élevée dans les Champs-Élysées. — On a compris spirituellement dans l'emplacement couvert une très-murmurante et très-ruisselante fontaine qui occupe le centre de l'exposition.

Je ne cache pas aux fleurs et aux légumes que je vais leur dire la vérité.

Il est une tradition fâcheuse cultivée par les bourgeois, qui consiste à peindre en vert tout ce qui doit être placé dans les jardins : —les caisses, les bancs, les treillages, etc.

Le vert minéral, dur, criard, dont sont enluminés ces objets, *jure* singulièrement avec les verts harmonieux des végétaux, et les fait paraître ternes. — Cette idée équivaut à celle qu'aurait un chef d'orchestre d'introduire un tutti de casseroles et de chaudrons dans un andanté de Beethoven. Quand je devrais faire plaisir aux sieurs Sainte-Beuve et Veuillot, j'avouerai même que je ne suis pas de l'avis de J. J. Rousseau, qui aimait les volets verts à une maison de campagne. La vérité, la devise dudit Jean-Jacques, — *vitam impendere vero*, — m'oblige à cet aveu. — Mais je me réserve, dans le cas précité, où cela ferait trop de plaisir auxdits sieurs Veuillot et Sainte-Beuve, de leur compenser en temps et lieu la joie involontaire que je leur aurai donnée.

Disons déjà, pour atténuer et cette joie et les torts de l'auteur du *Contrat social*, — que ce vœu d'avoir une maison à volets verts a sans doute été émis par lui dans son taudis de la rue Plâtrière, alors que la privation de verdure lui faisait paraître joli le vert, quel qu'il fût, comme Robinson, fatigué de sa solitude, fut réjoui à l'aspect du visage noir de Vendredi.

Il n'est pas heureux non plus d'avoir, au milieu des fleurs si richement, mais si harmonieusement peintes par Dieu, planté des écussons or et rouge; et de quel rouge! de ce rouge bruyant, étourdissant, ahurissant, qui tient dans les couleurs la place que tient la trompette des marchands de robinets dans la musique.—Ces écussons, sur lesquels on a inscrit les prix si bien mérités par les exposants, auraient dû être, comme les treillages, comme les bancs, comme les tuteurs, peints en une modeste couleur de bois.

Je me rappelle que Lautour-Mézeray, un vieux camarade à moi, qui est aujourd'hui un excellent préfet à Alger, et qui cultive maintenant ses camellias au grand air, — avait, rue Pigale ou rue Blanche, un petit jardin et une petite serre. — Je le trouvai un jour au milieu de ses fleurs avec une robe de chambre écarlate; —je lui fis une horrible et légitime scène à ce sujet; et comme c'est un homme de bon sens, — c'est l'hommage que nous rendons tous à ceux qui sont ou qui deviennent de notre avis, — il se rendit à mes raisons, et nous sacrifiâmes la houppelande écarlate. Ceci dit, il ne reste que des éloges à donner à l'ordonnance de la fête. — Fête des yeux, comme disaient les Grecs, en parlant des fleurs.

Rien n'est aussi riche, aussi magnifique que les corbeilles d'azulées de l'Inde, exposées par MM. Michel, Margottin, Mabire et Buchi. — C'est une véritable illumination de fleurs.

Les rhododendrums des frères Lemiche occupent légitimement le fond de la tente.

On a remarqué surtout un rhododendrum à grandes fleurs orangées, — *rhododendrum javanicum*, — je crois, dont la couleur inusitée brillait singulièrement au milieu des variétés violettes qu'elle fait valoir en même temps qu'elle leur doit une partie de son éclat.

Les amaryllis de M. Turlure, ces beaux lis qui n'ont à leur disposition que le rouge, un peu de blanc et très-peu de vert, — trouvent moyen de se passer des autres couleurs et se parent des nuances différemment éclatantes de celles qui leur ont été accordées. — Comme les camellias, auxquels on n'a permis jusqu'ici que le blanc et le rouge, on en a bien vendu des bleus et des jaunes, dans les journaux, —

où ils s'épanouissaient entre les veaux à deux têtes, les crapauds généreux et les araignées mélomanes; mais je ne les ai jamais rencontrés ailleurs.

Les cinéraires de M. Dufoy offrent doucement aux yeux leurs petites marguerites roses ou bleues, avec les diverses nuances de ces deux couleurs. — Les cyclames forment une charmante couronne rose et blanche presque au centre de la tente.

J'ai remarqué, dans les primevères de la Chine de M. Constant, une nouvelle couleur qui commence à s'introduire timidement sur les pétales de ces fleurs qui n'avaient été jusqu'ici vêtues que de blanc et de lilas.

Les camellias de MM. Paillet, Lecomte, Ternaux, etc., quoique fort beaux, ne produisent pas tout l'effet désirable; ces buissons, naturellement peu touffus, ont besoin, pour l'aspect général, d'être entremêlés d'autres arbustes plus feuillus. — Les mimosas Esterhazy, entre autres, dont je n'ai pas vu une seule dans toute l'exposition, s'il y en a, il n'y en a guère, produisent dans le jardin d'hiver des frères Lemichez, rue des Trois-Couronnes, un effet qu'on aurait pu imiter à l'exposition.

Les jacinthes, quoique ayant obtenu des prix, sont assez médiocres.

Il est un résultat, but d'efforts incessants, que je me déclare incapable d'apprécier.

Je veux parler de l'art de faire paraître les fleurs, les légumes et les fruits dans d'autres saisons que celles où la nature les produit.

Plusieurs prix ont été distribués à ce sujet.

Je veux bien supposer un moment que le résultat cherché avec tant de soins, de peine et d'intelligence est entièrement obtenu, — c'est-à-dire que les roses épanouies malgré elles, au mois de mars, sont aussi belles et aussi parfumées que celles qui étaleraient leurs splendeurs au soleil, tout naturellement, au mois de juin ; — que les chrysanthèmes et les hortensias, dont on dit la floraison *retardée*, — sont aussi beaux que s'ils avaient fleuri dans leur saison légale.

Mais il y a dans la nature des harmonies qu'entendent seuls les poëtes, — j'appelle poëtes aussi bien certains de ceux qui lisent des vers que ceux qui en font, entre lesquels, même à beaucoup, je refuse ce titre.

Les chrysanthèmes taciturnes, avec leurs couleurs un peu mornes, leurs odeurs, rappelant autant le fruit que la fleur, sont une note du riche concert de l'automne ; — ils paraissent ternes et à peine vivants, dans la saison où les primevères et les premières violettes sortent joyeuses et éclatantes de la terre qui, sous les premières caresses du soleil, — commence, selon l'expression si heureuse des jardiniers, à « *entrer en amour.* » *Vere tumet.*

Est-ce que les roses ne doivent pas s'ouvrir au soleil ? Est-ce qu'elles ne doivent pas être saluées du bourdonnement des abeilles ? Est-ce qu'elles ne doivent pas servir d'asile à la cétoine, cette belle émeraude vivante ?

Est-ce que les cerises ne doivent pas, par leurs sucs aigres, nous offrir un mets aussi sain qu'agréable pendant les premières chaleurs, mets disputé par les oiseaux gazouillants ?

Mais, outre cette dissonance qu'amène dans le beau concert de la nature ce déplacement des productions, est-ce que fleurs, fruits et légumes artificiels — épanouis, mûris malgré eux, — ont l'éclat et la saveur de ce qui obéit tout bêtement à la nature, de ce qui fleurit et se colore sous le vrai soleil ? Est-ce que ces fruits et ces légumes ne sont pas du navet fade, déguisé, habillé, peint, — du navet hypocrite, — mais toujours du navet ?

Est-ce que ces roses nées avant terme ont l'air de roses viables ? — Est-ce qu'elles respirent ? Est-ce qu'elles sont vivantes ? Est-ce que sans les étiquettes, vous reconnaîtrez — la *Duchesse-de-Sutherland* et le *Géant-des-batailles*, et *Persian-Yellow* et le *Général-Cavaignac*, et le *Génie-de-Châteaubriand* — et le *Souvenir-de-la-Malmaison*, et la *Rose-de-la-reine*, — et *Louis-Bonaparte*, fleur dédiée autrefois par M. Laffay au roi de Hollande, et la *Marquise-Boccella*, et cent autres roses si riches, si splendides ? Est-ce que vous les reconnaîtrez dans ces loques, dans ces chiffons rosâtres, blanchâtres ou jaunâtres ?

Est-ce que ces légumes et ces fruits, prémangés par les riches, ont la saveur des légumes et des fruits que mangeront les pauvres cet été; et que dédaigneront alors les pauvres riches, par vanité?

Après les fleurs avancées, — voici les fleurs retardées, — ces fleurs qu'on a empêché de croître, — comme quelques pauvres êtres qui naissent, comme on dit vulgairement, noués.

Mais, d'ailleurs, — voici un chrysanthème, — qui naturellement serait en fleur au mois d'octobre. — A quoi reconnaît-on, lorsqu'on le voit épanoui aujourd'hui, en mars, qu'il est en retard sur le mois d'octobre passé, ou en avance sur le mois d'octobre à venir?

J'en dirai autant de l'hortensia.

Une question de jury. — « Le jury, dit le livret, regrette que la plante de M. Tavernier, — l'hortensia retardé, — ne soit pas plus avancée. » — Mais puisqu'il s'agit de retarder la floraison d'une plante, moins elle est avancée, mieux elle mérite le prix, — ce me semble.

Tout à coup, comme on parcourait la tente en admirant les résultats en vérité très-beaux obtenus par la Société, on a vu s'épanouir deux sergents de ville parmi les camellias ; en même temps, deux gardes municipaux brillaient au dehors. — On s'est dit alors, que cette subite végétation était l'indice certain de l'arrivée promise, disait-on, d'une visite officielle. — De ce moment, l'empressement de rendre hommage aux visiteurs et un peu aussi la curiosité de les voir ont fait un tort irréparable aux fleurs; chacun a choisi sa place, sans se préoccuper d'autre chose que de la visite attendue.

L'apparition des respectables représentants de l'autorité parmi les fleurs me rappelle un dialogue du prince de Ligne et de Frédéric II. — Je copie de mémoire un passage d'une lettre du prince de Ligne :

« Le roi venait de nommer Virgile.

« - Quel grand poëte ! dis-je, — mais quel mauvais jardinier !

« — A qui le dites-vous? — dit le roi. — N'ai-je pas voulu semer, planter, cultiver, les *Géorgiques* à la main ! Quel climat, d'ailleurs ! Dieu ou le soleil me refuse tout. — Voyez mes pauvres orangers, mes oliviers, mes citronniers, — tout cela meurt de faim.

« — Il n'y a donc que les lauriers qui poussent chez vous, sire?

« Puis, honteux de cette fadeur à laquelle le roi avait fait une mine charmante, j'ajoutai :

« — Il y a trop de *grenadiers* dans ce pays-ci ; ça mange tout.

« Et le roi se prit à rire. »

VI

A LÉON GATAYES

Je trouve ce qui suit dans un journal scientifique :

« On a parlé récemment, comme d'une nouveauté, d'un secret pour teindre et parfumer les fleurs, et leur donner la couleur et l'odeur qu'elles n'ont pas naturellement. Un savant botaniste, M. Charles Morren, a rapporté que le procédé permettant de teindre et de parfumer les fleurs est connu depuis longtemps. Voici les indications qu'il a retrouvées dans les anciens traités d'horticulture :

« Le noir, le vert et le bleu sont trois couleurs particulièrement rares chez les fleurs, et que les curieux désireraient pouvoir leur donner. Il n'est point difficile d'arriver à ce résultat.

» Pour obtenir la matière de la couleur noire à communiquer aux fleurs, on cueille les petits fruits qui croissent sur les aunes; quand ils sont bien desséchés, on les réduit en poudre. Le suc de rue desséché sert à obtenir la couleur verte. Le bleu s'obtient avec les bluets qui croissent dans les blés. Ces deux matières étant bien sèches, on les réduit en poudre fine pour servir à produire la couleur verte et bleue. »

M. Morren recommande d'opérer de la manière suivante, pour communiquer aux fleurs l'une des trois couleurs précédentes :

« On prend, dit notre botaniste, la couleur dont on veut imprégner une plante, et on la mêle avec du fumier de mouton, une pinte de vinaigre et un peu de sel. Il faut qu'il y ait, dans la composition, un tiers de la couleur; on dépose cette matière, qui doit être épaisse comme de la pâte, sur la racine d'une plante dont les fleurs sont blanches; on l'arrose d'eau un peu teinte de la même couleur, et, du reste, on la traite comme à l'ordinaire; on a bientôt le plaisir de voir des œillets, qui étaient blancs, devenir noirs.

» Pour le vert et le bleu, on emploie la même méthode. Pour mieux réussir, on prépare la terre : il faut la choisir légère et bien grasse, la sécher au soleil, la réduire en poudre et la tamiser. On en remplit un vase, et l'on met au milieu une giroflée blanche ou un œillet blanc; car la couleur blanche est seule susceptible de subir ce genre de modification; il ne faut point que la pluie ni la rosée de la nuit tombent sur cette plante. Durant le jour, on doit l'exposer au soleil.

» Si l'on veut que cette fleur blanche se revête de pourpre de Tyr, on se sert de bois du Brésil pour la pâte, et pour teindre l'eau des arrosements. On peut avoir, par ce moyen, des lis charmants. En arrosant la pâte avec les trois ou quatre teintures, en trois ou quatre différents endroits, on obtient des lis de diverses couleurs. »

Un Hollandais, grand amateur de tulipes, mettait macérer les oignons de cette fleur dans des liqueurs préparées dont ils prenaient la couleur. D'autres découpaient un peu ces oignons, et insinuaient des couleurs sèches dans les petites scissures.

Voici enfin le complément de ce curieux procédé, c'est-à-dire la manière de communiquer artificiellement un suave parfum à toute espèce de plantes, même à celles qui exhalent une insupportable odeur.

« On peut commencer, dit M. Morren, à remédier à la mauvaise odeur d'une plante dès avant sa naissance, c'est-à-dire lorsqu'on en sème la graine; si elle vient en graine, on détrempe du fumier de mouton avec du vinaigre, où l'on a mis un peu de musc, de civette ou d'ambre en poudre; on fait macérer, durant quelques jours, les graines, ou même les oignons, dans cette liqueur.

» Les fleurs qui viendront répandront un parfum très-doux et très-agréable. Pour plus de sûreté, il faut arroser les plantes naissantes de la mixtion où l'on a mis tremper les semences.

» Le père Ferrari dit qu'un de ses amis, bel esprit et grand philosophe, entreprit d'ôter au souci d'Afrique son odeur si choquante, et qu'il y parvint. Il mit tremper, durant deux jours, ses graines dans de l'eau de rose, où il avait fait infuser un peu de musc.

» Il les laissa sécher quelque peu, et puis les sema. Ces fleurs n'étaient pas entièrement dépouillées de leur mauvaise odeur; mais on ne laissait pas de ressentir, au travers de cette odeur primitive, « certains petits esprits » étrangers, suaves et flatteurs, » dit le père Ferrari, « qui » faisaient supporter avec quelque plaisir ce défaut natu-» rel. » De ces plantes, déjà un peu amendées, il sema la graine avec la préparation décrite plus haut. Il en naquit des fleurs qui pouvaient le disputer, par la bonne odeur, aux jasmins et aux violettes.

» Ainsi, d'une fleur auparavant le plaisir de la vue et le fléau de l'odorat, il fit un miracle qui charmait à la fois ces deux sens.

» A l'égard des plantes qui viennent de racine, de bouture, de marcotte, l'opération se fait au pied, comme pour les couleurs. »

Eh bien, le père Ferrari, comme le savant chimiste Morren, sont des gens gais.

Je vais, en échange de leurs renseignements, leur donner ceux que voici :

Vous frottez d'ail les bêches avec lesquelles vous retournez la terre destinée à devenir pré ; ensuite, vous ensemencez, vous hersez, vous arrosez. Eh bien, les moutons qui broutent plus tard dans ce pré ont des gigots légèrement parfumés d'ail. Si vous avez jeté quelque peu de garance dans la terre, il arrivera ce qui arrivait du temps de Virgile :

Sponte sua sandys pascentes vestiet agnos.

Les moutons, sur le sol que la garance arrose,
Se font un vrai plaisir de naître teints en rose !

Vous comprenez quelle économie et quelle teinture !

De même, selon l'abbé Moigno, un peu de noir de fumée, mêlé aux terres fortes, a l'avantage de les diviser, et ensuite, si l'on y met pâturer des bœufs, de donner à leur cuir une couleur noire indestructible qui dispense de jamais cirer les souliers qui en sont fabriqués.

Autre recette pratiquée avec succès à la Martinique par un savant espagnol :

Quand il s'agit de planter les caféiers, on enfouit dans le sol, de cent en cent mètres, de petits moulins à café ; eh bien, on récolte du café en poudre.

Ah ! monsieur, quelle belle chose que la science !

que de progrès elle a déjà faits, et quels progrès elle fera encore ! car les recettes que je vous donne sont aussi pratiques, aussi vraies, aussi efficaces que celles du père Ferrari et celles du savant chimiste Morren.

A propos, je ne suis pas tout à fait certain que la recette pour teindre le cuir de bœuf soit du savant abbé Moigno : le véritable inventeur se trouverait lésé avec raison.

VII

A ALFARO

Au-dessus des questions de chaque jour, il y a une question qui est de tous les temps et de tous les pays.

Parlons du pain.

Par le pain, j'entends l'alimentation, — car on a en France le préjugé du pain. — Supposez la viande et les farineux de toutes sortes à bas prix ; — supposez le gibier entrant dans les maisons, les poissons se jetant d'eux-mêmes sur les plages : — s'il n'y a pas de blé, s'il n'y a pas de pain, — de pain de froment, j'entends, — les Français se déclareront en disette, en famine, et très-probablement mourront de faim.

Ce sont les plus rigides pythagoriciens qui se soient jamais vus.

« Tu me demandes, dit Plutarque, pourquoi Pythagore s'abstenait de manger de la chair des animaux. — Moi, je te demande, au contraire, quel est le premier homme qui approcha de sa bouche la chair sanglante d'un animal qu'il avait vu vivant ; — le premier homme qui, mentant contre notre mère Tellus et offensant Cérès, inventrice des lois, et Bacchus, le consolateur des hommes, les a accusés de ne pouvoir nous nourrir, et, aux innocents végétaux, au lait des troupeaux, aux fruits savoureux, a mêlé sur sa table des cadavres et des ossements, et, non content du lait de la brebis, a voulu aussi boire son sang et manger ses membres.

« Et les animaux que tu dévores, que tu tues pour assouvir tes appétits factices et désordonnés, ce ne sont pas les animaux féroces et dangereux ; tu ne manges ni les lions, ni les tigres, ni les loups : tu manges l'agneau qui prenait l'herbe dans ta main, la poule et le pigeon accoutumés à venir à ta voix.

« Et la preuve que ces horribles aliments ont été

imaginés plus pour assouvir ta cruauté que ta faim, c'est que tu es forcé de te les dissimuler à toi-même. — Tu ne déchires pas, comme le lion, l'agneau vivant, et tu ne portes pas la dent sur ses chairs encore chaudes. Non, tu le tues de sang-froid, plusieurs jours avant d'avoir faim; tu le fais cuire, tu l'assaisonnes d'épices et de condiments de toutes sortes : sans cela ton estomac rejetterait avec horreur ces cadavres que tu ne lui fais accepter qu'en les déguisant. »

Voilà, ou *à peu près*, ce que dit Plutarque. Hélas! l'avantage le plus incontestable que l'homme ait sur les autres animaux, c'est qu'il est construit pour dévorer tout ce qui existe, ce qui végète dans la terre et ce qui mûrit sur les arbres, ce qui nage dans l'eau, ce qui vole dans l'air, ce qui fuit dans la plaine ou dans les bois; pour boire le lait des troupeaux, le jus de la vigne et le sang des animaux. — S'il ne mange presque plus d'hommes, c'est que l'homme est dur et coriace. La mâchoire de l'homme offre une collection complète de toutes les sortes de dents partagées entre les animaux : cette mâchoire est le plus complet, le seul complet arsenal en ce genre que la nature ait formé.

Ainsi, je pardonne à l'homme de manger de la viande, quoiqu'il me paraisse parfois un peu bizarre de voir à table une femme élégante, délicate, sensible, vous dire avec des synonymes : « Quel membre de ce cadavre vous offrirai-je ? » — et vous faire l'éloge de telle ou telle partie de ce corps mort, en forme d'oraison funèbre, pour vous engager à en dévorer davantage. Le besoin signalé par Plutarque de dissimuler, sinon à l'estomac, du moins à l'imagination, les cadavres dont l'homme se repaît, a imposé aux animaux qu'on met sur la table des noms différents de ceux qu'ils portaient étant vivants : — viande pour chair, — bouilli pour bœuf, — gigot pour cuisse, etc. — Il est seulement fâcheux que ce ne soit pas plus général, et que ce dictionnaire ne soit pas plus complet. — On m'assure que, sous ce rapport, celui des Anglais est plus complet que le nôtre. — Je n'aime pas plus l'usage de servir un lièvre avec le poil conservé aux pattes, ou un faisan avec les plumes de sa queue rajustées. —Tout ce qui rappelle la vie de ce qu'on mange est cruel et répugnant ; — je préfère n'avoir pas connu ou au moins ne pas reconnaître ceux que je mange.

Mais si le Français est pythagoricien parce qu'il préfère le pain à tout, parce qu'il ne peut s'en passer, — il ne l'est pas par abstinence : ceux d'entre nous auxquels plus d'argent ou d'autres habitudes permettent de manger de tout, animaux, poissons, etc., ne mangent pas moins de pain pour cela que ceux qui ne mangent que du pain.

Prenons donc le pain pour type de l'alimentation.

Nous ne parlons ici que du droit anatomique. L'homme naît avec le droit de manger ; — son besoin, son estomac, ses dents, voilà sa patente.

La société a dû surveiller ce droit de manger, le soumettre à des restrictions, à des conditions. — Ensuite elle a dû aussi réglementer, à leur tour, ces restrictions, ces conditions, ces modifications, qui auraient bientôt fini par la négation.

Cette double surveillance est le sujet, le point de départ et le but de toutes les lois, comme c'est le but plus ou moins direct, plus ou moins dissimulé de tous les efforts, de toutes les tendances de l'homme. J'excepte les *vrais* poëtes, qui sont une variété de l'espèce,—et les vrais amoureux, qui sont des malades, — à ce qu'on dit.

Magister artis, ingenique largitor
Venter,

dit Perse.

C'est l'estomac qui nous a tout appris, et qui nous a donné l'invention et le génie.

Il me semble que, dans la théorie, on ne donne pas au pain, c'est-à-dire à l'alimentation, l'importance qu'il a dans la pratique. Ainsi, je suis souvent étonné d'une chose : — on a pris pour habitude de donner comme baromètre unique de la prospérité publique en France le cours de la rente à la bourse de Paris. Pourquoi est-ce exclusivement le cours de la rente qui indique, — comme l'étiage d'un pont indique les hautes et basses eaux, — la situation de la prospérité publique ? — Pourquoi ne serait-ce pas aussi le cours des pralines ou celui des parapluies ? ou plutôt, pour parler sérieusement, pourquoi ne serait-ce pas concurremment le cours du blé ? — Pourquoi ne serait-ce pas la prospérité elle-même, plutôt qu'un seul de ses signes ?

Vous me direz qu'il y aurait certaines choses à régler avant de décider si la prospérité serait constatée par la hausse ou la baisse du prix du blé. D'accord ; mais qui empêche de régler ces choses ? Par exemple, si tout suivait le prix du blé, comme cela aurait lieu naturellement, sans l'agiotage et la spéculation parfois immorale qui se fait sur les grains, le cultivateur n'aurait pas à craindre, sur *une chose* qu'il vend, une baisse de prix qui se porterait en même temps sur *toutes les choses* qu'il achète. Mais ces détails ne peuvent trouver place dans les dimensions et dans la forme de cet article. C'est surtout en parlant de choses utiles d'ailleurs qu'il faut craindre d'être long ou ennuyeux. A d'autres d'approfondir ce que je ne dois qu'effleurer et indiquer.

En France, il ne doit pas y avoir de famine.

La France, en moyenne, fournit plus de grains qu'elle n'en consomme ; de plus, la viande, des farineux de toutes sortes, les légumes peuvent être un facile supplément.

Il y a donc à s'occuper seulement de la cherté possible des grains.

Les choses bien ordonnées, il n'y aurait jamais de cherté, — car le haut prix n'est pas la cherté.

Supposez, en effet, les champs ondoyants de moissons dorées, les arbres à fruits étayés, les greniers étançonnés ; — supposez le blé au plus bas prix où il ait jamais été : — si vous n'avez pas d'argent, ce bas prix est pour vous la cherté. Le pain est cher à un sou la livre, si vous n'avez pas ce sou. En face de cette abondance, vous êtes Tantale mourant de soif au milieu des eaux.

Supposez, au contraire, la récolte moyenne ou

mauvaise : — le blé, nous l'avons dit, ne peut manquer : — la France, grâce à son climat varié, retrouve d'un côté ce qu'elle perd de l'autre. Une année mauvaise, c'est-à-dire trop sèche ou trop humide, trop chaude ou trop froide, ne peut être mauvaise, grâce à cette variété des climats du nord au midi, pour toute la France à la fois.

Supposons donc le blé à haut prix, à très-haut prix même : si vous avez beaucoup d'argent, vous n'avez pas à en souffrir; vous payez beaucoup, mais vous ne payez pas cher.

Il s'agit donc seulement, pour que vous n'ayez pas de cherté, que le blé ne se vende qu'à proportion de ce que vous avez d'argent : — à haut prix quand vous avez beaucoup d'argent, — à bon marché quand vous n'avez guère d'argent; — mais pour arriver là, ce qui paraît absurde, c'est-à-dire impossible au premier aspect, — il s'agit de renverser la question, comme fit Mahomet, qui, ayant ordonné à une montagne de venir le trouver, et remarquant chez la montagne sinon une désobéissance complète, du moins une grande lenteur à obéir, dit : « Si la montagne ne veut pas venir à moi, je vais aller vers la montagne ; le résultat sera le même. »

Si le prix du blé ne peut s'élever et s'abaisser à

proportion de ce que vous avez d'argent, ayez de l'argent à proportion du prix du blé.

Et cela, rien n'est si simple, malgré l'apparence.

Les manufactures, en Angleterre surtout, ont établi une lutte dangereuse.

Il s'agit de fabriquer au plus bas prix possible. — On a économisé d'abord sur les achats, sur le combustible, sur les préparations ; on a économisé par l'ordre, par les innovations, etc. Quand on est arrivé au bout de ces économies, — on a économisé sur la main-d'œuvre. On assure qu'il y a en Angleterre des ouvriers qui ne mangent presque pas. — Le triomphe serait d'en avoir qui ne mangeraient pas du tout. — Mais il est douteux que l'espèce humaine puisse atteindre un si grand perfectionnement. — Faute de cela, on a inventé des machines ; les machines ne mangent pas de pain, mais elles mangent de la houille. — D'ailleurs, il faut encore des hommes pour les conduire, — et à ces hommes il faut du pain.

Eh bien, un moyen d'abaisser proportionnellement le salaire, c'est d'abaisser le prix des denrées ; — c'est là que doit tendre toute préoccupation. Mais, en même temps, pour que le prix des denrées alimentaires puisse s'abaisser sans réduire à la famine ceux qui les produisent, il faut de toute nécessité que le prix de toutes les autres choses suive ce prix, quel qu'il soit.

Cela est si vrai, si nécessaire, que, par la seule force des choses, cela s'établit à peu près ainsi : dans les contrées où il fait *cher vivre,* comme on dit, le salaire est plus élevé.

Donc, nous le répétons, il serait plus raisonnable de prendre pour signe de la prospérité et pour régulateur universel le cours du blé, — que celui des gageures que font à la bourse de Paris messieurs tels et tels.

L'homme, au point de vue matériel, est une machine qui se remonte par l'estomac; aussi tout ce qui peut amener l'alimentation à bon marché, c'est-à-dire rendre la vie facile, me cause une grande sympathie. — Parmentier, qui a doté la France de la pomme de terre, n'a pas, selon moi, dans l'opinion publique, le rang qui lui est dû. — Les hommes dépensent toute leur admiration d'abord pour ceux qui leur font du mal, puis pour ceux qui les amusent. — Qu'il se présente ensuite un réel bienfaiteur de l'humanité, on n'a plus de monnaie.

Inventez demain un fusil qui tue les hommes de plus loin qu'un autre, imaginez une bombe qui vomisse la mort sous des formes plus variées que les anciennes bombes, trouvez un feu qui ne puisse s'éteindre et dont les ravages soient impossibles à arrêter, — l'attention sera vivement excitée, on nommera des commissions, les corps savants feront des rapports, on donnera votre nom au feu, à la bombe ou au fusil.

Mais trouvez un nouvel aliment, ou imaginez un moyen de rendre la production plus facile, et conséquemment le prix moins élevé, personne n'y fera attention. Cependant, s'il s'agissait d'un mets de luxe, de quelque chose d'inutile et de très-cher, il ne serait pas impossible qu'on s'en occupât. Mais quand Parmentier s'est opiniâtré à introduire la pomme de terre dans l'alimentation, il a dû lutter presque toute sa vie; puis, quand ces pains tout faits ont été adoptés (ce n'a pas été tout de suite, car ce tubercule a été introduit en France vers 1620, et Valmont de Bomare, en 1775, rassurait encore sur les qualités malfaisantes et vénéneuses qu'on lui attribuait) ; donc, quand on a fini par accepter ce présent, on lui a ôté le nom de Parmentier, qu'une juste reconnaissance eût dû lui conserver, tandis que nous avons toujours des fusils-Lefaucheux, des fusils-Robert, des bombes-Paixhans, etc.

La France, vanité à part, est un pays vraiment béni. Son climat, qui possède toutes les températures des autres pays, à l'exception du trop chaud et du trop froid, lui a permis d'acquérir et de s'approprier presque toutes les productions du monde entier. La plupart de nos fruits sont d'origine étrangère : le pêcher vient de la Perse, l'abricotier d'Arménie, le cerisier du royaume de Pont en Asie, le prunier de la Syrie, l'amandier de la Grèce ; le mûrier nous vient de la Perse, et le mûrier blanc de la Chine ; la pomme de terre, dont la récolte est évaluée en France à deux cents millions de francs, a été apportée du Pérou ; le riz vient de l'Amérique, etc. Le feuilleton et le journal tout entier ne me suffiraient pas pour donner la nomenclature de tous les fruits, de tous les légumes, de toutes les fleurs qui se sont heureusement acclimatés en France, véritable capitale du monde.

Il est d'autres productions qui ne vivent ici que dans les serres du jardin des Plantes de Paris. Je crois qu'une demi-tasse de café produite par les caféiers et sucrée par les cannes confiées à la direction de M. Neumann ne pourrait pas s'établir à moins de cinq cents francs ; c'est pourquoi nous voyons tous les jours des navires qui vont chercher,

— pour le café au lait des portières parisiennes et pour le thé des petites-maîtresses, — le café et le sucre en Amérique, et les feuilles de l'arbuste chinois.

Rien de mieux ; mais cependant il ne faudrait pas, en faveur de ces plantes étrangères, négliger et oublier les équivalents originaires de la France ou naturalisés chez nous. — Sans compter les abeilles qui nous donnent le miel et la cire, dont on se contentait avant d'avoir le jus de la canne pour sucre, et le cervelet des baleines pour faire la bougie, on sait tirer aujourd'hui du sucre de tout : des savants même ont fait récemment du sucre de lapin ; ils ont établi qu'en piquant d'une certaine façon un certain endroit du cerveau des lapins on changeait leur sang en sucre.—Un rapport sur ce sujet a été fait à l'Académie des sciences.

C'est quand je suis mécontent de la créature, surtout, que je contemple avec plaisir les bienfaits gratuits dont le Créateur a comblé l'homme en compensation de l'homme son semblable.

Une des choses qui me charment dans mon séjour au bord de la mer, c'est que l'on n'y peut pas mourir de faim, tandis que c'est très-facile ailleurs ; — chaque fois que la mer se retire et abandonne une partie de son lit, elle offre aux riverains au moins de quoi apaiser leur faim : — les crabes, les lépas et plusieurs autres coquillages, et beaucoup d'autres moissons gratuites que la Providence a réservées à ceux de ses enfants déshérités qui n'ont pas de terres. Il faut dire qu'on en laisse perdre beaucoup. — Ainsi, on m'a assuré que les Allemands aiment beaucoup les limaçons, dont en France ne mangent que peu de personnes; tandis que les mêmes Allemands ont horreur des grenouilles, qui passent ici pour un mets délicat. — L'estomac prend des habitudes. — On m'a dit aussi que les Persans abhorrent l'esturgeon, que les Russes ne mangent ni alose ni écrevisse, et que les Islandais ont une répugnance invincible pour l'anguille. — Dans certaines provinces de France, on mange les couleuvres sous le nom d'anguilles de haie ; — les Chinois mangent des nids d'oiseau ; — les habitants des îles de la mer Pacifique considèrent les petits chiens comme un mets savoureux ; — on mange en beaucoup de pays la chair du cheval ; — des gens qui ont mangé du chat prétendent ne pas le distinguer du lapin. — J'ai vu beaucoup de chasseurs manger du chat-huant avec plaisir, et le comparer à un excellent poulet.

Sans parler de ces ressources un peu extrêmes,

car les répugnances de l'estomac, ce viscère tyrannique dont nous sommes tous les esclaves, sont souvent invincibles, — il est bien des choses perdues qui seraient d'une grande ressource pour les malheureux, de deux façons : d'abord en leur fournissant un aliment sain et agréable, ensuite en augmentant la quantité disponible des autres productions de tout ce que les pauvres et les riches mangeraient de celles dont je veux parler.

Sur nos côtes des environs du Havre, de même que de l'autre côté de l'eau, sur les plages de la basse Normandie, — et, sans aucun doute, sur presque tout le littoral, — lorsque la mer se retire, elle laisse à découvert le champ du pauvre, — c'est-à-dire qu'un certain nombre de plantes qui croissent au fond de la mer sont non-seulement comestibles comme certains végétaux de la terre, mais ont encore une saveur aussi agréable que ceux-ci.

L'ulva lactuca, qui a un peu l'aspect de la laitue ordinaire, se mange crue ou cuite. — Il en est de même de l'ulva lanceolata et de quelques autres. On mange ainsi le fucus saccharinus, le fucus palmatus.

Plusieurs peuples de l'Asie font un grand usage

d'algues et de varechs ; — et les nids d'hirondelle, — ce mets si délicieux pour les Chinois, est composé, par l'hirondelle appelée salangane, avec des fucus et autres plantes marines.

Je n'ai pas mangé moi-même de ces diverses algues, et je n'en parle que par ouï-dire ; — mais j'ai mangé plusieurs fois, et avec autant de plaisir qu'aucun légume terrestre, le plus commun de tous sur certaines parties de nos côtes, — la christe marine. — La criste marine a le goût à la fois des épinards et du pourpier, et se prépare de la même manière ; — il n'y a que quelques années qu'on s'avise d'en manger ; on en fait même, pour les marins, des conserves très-saines et moins coûteuses que les autres conserves de légumes, dont l'usage exerce une si heureuse influence sur la santé des équipages et des passagers dans les voyages de long cours ; mais très-peu de personnes récoltent, accommodent et mangent cette *manne des grèves*, — même entre celles qui très-souvent n'ont rien à manger que du pain, et parfois en quantité insuffisante, — et cependant il n'y a qu'à *se baisser pour en prendre*, comme on dit vulgairement ; cet aliment, très-sain et très-agréable, est en si abondante quantité, que l'on pourrait le récolter avec une faux. J'ai entendu affirmer que rien que sur les plages qui avoisinent le Havre on en pourrait recueillir de quoi nourrir pendant dix jours tout le département de la Seine-Inférieure.

Bien des riverains font sur ces mêmes grèves un travail rude et fatigant dont le résultat est tout au plus de nourrir eux et leur famille, et ne songent pas à ramasser la christe marine. Quand on en parle à quelques-uns d'entre eux, ils se fâchent et vous disent : « Pourquoi ne nous dites-vous pas de brouter l'herbe des champs, comme les animaux ? » C'est en vain qu'on leur explique que tous les hommes mangent de l'herbe ; que l'oseille, les épinards, les choux, les salades, etc., sont des herbes dont on mange les feuilles ; que les salsifis, les carottes, les navets, les pommes de terre sont des herbes dont on mange la racine ; que l'asperge est une herbe dont on mange le bourgeon ; que l'artichaut est une herbe dont on mange la fleur encore en bouton ; que les haricots et les pois sont des herbes dont on mange la graine : ils répètent que l'herbe n'est pas faite pour être mangée par des chrétiens. Il n'y a que l'exemple qui pourrait amener les populations riveraines à ne pas fouler aux pieds cette richesse perdue, et il faudrait que cet exemple vînt des gens riches. Lorsqu'on trouvait tant de difficultés à établir l'usage alimentaire de la pomme de terre, il fallut, et ce ne fut pas sans influence, qu'on répandît le bruit que le roi Louis XVI les aimait beaucoup et en mangeait tous les jours. On mit également à la mode, dans les coiffures des femmes, les fleurs blanches ou violettes, selon les variétés de la pomme de terre.

Je ne considère pas la christe marine comme une conquête alimentaire du prix de la pomme de terre ; — mais, je le répète, c'est un aliment sain et agréable, et qui a sur la pomme de terre cet avantage, que ceux qui n'ont ni terre ni argent n'ont qu'à la ramasser ; — et, en attendant les améliorations dont je parlais au commencement de cet article, il faudrait au moins ne pas négliger de pareilles ressources.

Cependant, il y a une circonstance qui devrait faire réfléchir sur l'alimentation au moins les Parisiens. — Dans leur ville, dont Pierre le Grand disait, — à un autre point de vue : « Si j'avais une ville pareille, je la détruirais dans la crainte qu'elle ne dévorât mon empire, » dans cette ville qui ne produit ni un chou ni un pois, des calculs officiels établissent qu'il entre en moyenne chaque jour, pour l'alimentation de la ville, 2,774 voitures, — 190 bêtes de somme, 549 hottes et 61 paniers — chargés de denrées alimentaires, — et qu'il y a encore, par-ci par-là, des gens qui pourraient manger un peu plus sans avoir à craindre d'indigestion

VIII

A ALPHONSE TOUSSENEL

Il serait facile, mon cher Toussenel, de trouver dans les fleurs des arguments pour ce point de la doctrine de votre maître Fourier, qui enseigne la perfectibilité sans limite de ce monde.

Dans presque tout ce que l'homme a voulu arranger ou perfectionner de l'ouvrage primitif du Créateur, il a amoncelé des sottises; et un des grands progrès qu'ait à demander aujourd'hui la philosophie, ce serait, non pas l'acquisition des connaissances nouvelles, mais la perte ou la désuétude de la collection d'idées fausses que l'humanité a laborieusement amassées depuis l'origine des temps.

Mais il faut avouer que, pour ce qui est des fleurs, l'homme est entré réellement en collaboration avec le souverain Maître, et que sa collaboration n'a pas été malheureuse.

Ou plutôt, il semble que Dieu, dans les fleurs sauvages données à l'homme au commencement, lui ait fourni quelque chose de semblable à « l'argument » de discours, latin ou français, que l'on nous donnait à développer en rhétorique.

L'églantine des haies, avec ses cinq pétales, est devenue successivement, et sous la main de l'homme, la rose du roi, la chromatelle, le géant des batailles, et deux cents autres pierreries vivantes et parfumées; je dis deux cents, car je n'admets pas ce nombre de trois mille roses qui encombrent les catalogues des jardiniers, lesquels semblent avoir voulu aussi faire des catalogues comme des roses, catalogues multiples, à fleurs pleines, à cent feuilles et doubles; ce qui, à l'égard des catalogues, est moins légitime et moins beau.

Depuis que Linné, ce grand botaniste, qui, par exception, aimait les fleurs, a enseigné les amours des plantes; depuis que les moines de Kresmünster ont appliqué avec succès, aux œillets, la fécondation artificielle, l'homme a tellement enrichi et décoré sa demeure, qu'en considérant, d'autre part, l'accroissement de ses vices et de ses turpitudes, il me paraît à peu près prouvé que bientôt il ne sera plus digne d'habiter cet univers perfectionné, et que les races présentes n'auront été que des tapissiers chargés de préparer le monde pour une race meilleure et tout à fait différente de celles qui l'ont précédée.

IX

A LOUIS VAN HOUTTE, DE GAND

Un amateur de tulipes faisait l'exhibition de ses fleurs : — il s'était livré à tous les exercices usités en pareil cas, — entre autres l'exercice de la baguette, qui consiste à appuyer la baguette de démonstration sur la tige de la tulipe, en feignant d'employer toutes ses forces, sans pouvoir réussir à la courber, — et à dire : « Je vous recommande la *tenue* de celle-ci : — c'est une *tringle*, messieurs, c'est une *barre de fer.* »

En effet, il est convenu entre ces messieurs qu'une tulipe qui ne pèse pas le quart d'une once doit être portée par une barre de fer, — de même que, vers

1812, je crois, — il a été défendu aux tulipes d'être jaunes.

Il avait montré *Gluck*, cette *plante si méritante*, — à fond blanc strié de violet ; — et *Joseph-Deschiens*, un *vrai diamant*, également blanc et violet ; — et *Vandaël*, cette *perle du genre*, — toujours blanche et violette ; — et *Czartoryski*, *fleur de cinquième ligne*, blanche et rose, remarquable par l'extrême *blancheur des onglets* ; — et *Napoléon I*ᵉʳ, et le *Pourpre incomparable*, et seize cents autres. — Lorsqu'il arriva à une tulipe devant laquelle il s'arrêta avec un sourire ineffable, la désignant du geste, — mais sans parler, — un des visiteurs demanda si cette tulipe n'avait pas un nom comme les autres.

Le maître des tulipes mit un doigt sur sa bouche, comme eût fait Harpocrate, le dieu du silence ; — puis il dit :

« Voyez quelle magnificence de coloris, — quelle forme, — quels onglets, — quelle tenue, — quelle pureté de dessin, — quelle netteté dans les stries ! — comme c'est découpé, — comme c'est proportionné ! — C'est une tulipe sans défauts.

— Et vous l'appelez ?

— Chut... C'est une tulipe qui à elle seule vaut tout le reste de ma collection.—Il n'y en a que deux au monde, messieurs.

— Mais son nom ?

— Chut !... Son nom... je ne puis le prononcer sans forfaire à l'honneur... — Je serais bien fier et bien heureux de dire son nom, de le dire à haute voix, — de l'écrire en lettres d'or au-dessus de sa magnifique corolle ; — c'est un nom connu et respecté...

— Pardon, monsieur, je n'insiste pas ; — cela paraît tenir à la politique ; — peut-être est-ce le nom de quelque fameux proscrit ; — je ne veux pas me compromettre... D'ailleurs, nous ne partageons pas peut-être les mêmes opinions...

— Nullement, monsieur ; ce nom n'a rien de politique ; mais j'ai juré sur l'honneur de ne pas la faire voir sous son *vrai nom ;*—elle est ici *incognito*, sous l'incognito le plus sévère ; — peut-être même en ai-je trop dit... Mais avec tout le monde,—avec les gens pour qui je n'ai pas l'estime que vous m'inspirez, — je ne vais pas aussi loin ; — je n'avoue même pas que c'est une tulipe, la reine des tulipes ; — je passe devant avec indifférence, — une indifférence jouée, — comprenez bien ; — je la désigne sous le nom de *Rébecca*, — mais ce n'est pas son nom... »

Les amateurs partirent, et moi avec eux ; mais je retournai le lendemain, et je lui dis :

« Mais, enfin, c'est donc un mystère bien terrible ?

— Vous allez en juger : cette tulipe, que nous continuerons à appeler Rébecca, était la possession d'un homme qui l'avait payée fort cher, — surtout parce que, sachant qu'il y en avait une autre en Hollande, il était allé l'acheter et l'avait écrasée sous les pieds pour rendre la sienne unique. — Tous les ans, elle excitait l'envie des nombreux amateurs qui vont voir sa collection ; tous les ans, il avait soin de détruire les caïeux qui se formaient autour de l'oignon et qui auraient pu le reproduire. — Pour moi, monsieur, je n'ose pas vous dire tout ce que je lui avais offert pour un de ces caïeux qu'il pile tous les ans dans un mortier... ; j'aurais engagé mon bien, compromis l'avenir de mes enfants.

Je ne regardais plus ma collection, — mes plus belles tulipes ne pouvaient me consoler de ne pas avoir celle... que je ne dois pas nommer. En vain,

— mon ami... — dois-je appeler ainsi un homme qui me laissait dépérir sans pitié ? — en vain, mon ami me disait : « Venez la voir tant que vous voudrez. » — J'y allais, — je m'asseyais devant des heures entières. — On ne me laissait jamais seul avec elle, — on eût craint sans doute ma passion. En effet... je l'aurais peut-être volée, — je l'aurais peut-être arrosée d'une substance délétère pour la faire périr ; — au moins elle n'aurait plus existé,— et je n'aurais pas eu de remords. Quand Gygès tua Candaule pour avoir sa femme, — tout le monde donna tort au roi Candaule,—qui avait voulu la faire voir à Gygès toute nue, sortant du bain. — On n'a qu'à ne pas montrer la tulipe. — J'arrivai à un tel état de désespoir, — qu'une année je ne plantai pas mes tulipes, — mes chères tulipes. — Mon jardinier eut pitié d'elles et peut-être de moi, — et le rustre... — je le lui pardonne, — car il les a sauvées, — les planta au hasard, — dans une terre vulgaire.

— Mais, enfin, comment avez-vous eu cette tulipe ?

— Voilà la chose... Je n'ai pas tout à fait imité Gygès, quoique mon ami ne se fût pas montré plus délicat que Candaule ; — mais cependant j'ai fait un crime... J'ai fait voler un caïeu. — Candaule a un neveu... Ce neveu, qui attend tout de son oncle, lequel est fort riche, l'aide à planter et à déplanter ses tulipes, et affecte pour ces plantes une admiration qu'il n'a pas, le malheureux ! mais sans laquelle son oncle ne supporterait pas même sa présence. — L'oncle est riche, mais il n'est pas d'avis que les jeunes gens aient beaucoup d'argent... Le neveu avait contracté une dette qui le tourmentait beaucoup... Son créancier le menaçait de faire sa réclamation à son oncle. — Il s'adressa à moi, et me supplia de le tirer d'embarras. Je fus cruel, monsieur : je refusai net. — Je me plus à lui exagérer la colère où serait son oncle quand il aurait appris l'incartade. Je le désespérai bien,—puis je lui dis :

« Cependant, si tu veux, je te donnerai l'argent dont tu as besoin.

« — Oh ! s'écria-t-il, — vous me sauvez la vie.

« — Oui, mais à une condition.

« — A mille, si vous voulez.

« — Non ; une seule. — Tu me donneras un caïeu de... la tulipe en question. »

Il recula d'horreur à cette proposition.

« Mon oncle me chassera, — s'écria-t-il; — me chassera et me déshéritera.

« — Oui; mais il ne le saura pas ; — tandis qu'il saura certainement que tu as fait des dettes.

« — Mais s'il le savait jamais !

« — A moins que tu ne le lui dises...

« — Mais vous... »

Enfin, je pressai, j'effrayai le malheureux jeune homme ; il promit de me donner un caïeu quand on déplanterait les tulipes ; — mais il exigea mon serment sur l'honneur de ne jamais nommer... celle que j'appelle Rébecca, à personne, — et de lui donner un autre nom — jusqu'à la mort de son oncle.

En échange de sa promesse, je lui donnai l'argent dont il avait besoin. Depuis, nous avons tenu tous deux nos serments; j'ai eu la tulipe et je ne l'ai nommée à personne. — La première fois qu'elle a fleuri ici, — chez moi, — étant à moi, — l'oncle est venu voir mes tulipes. — C'est une politesse qu'on échange, comme vous savez, entre amateurs.—Il l'a regardée et a pâli.

« Comment appelez-vous ceci? » m'a-t-il dit d'une voix altérée.

Ah! monsieur, je pouvais lui rendre tout ce qu'il m'avait fait souffrir!—Je pouvais lui dire... le nom que vous ne savez pas... Je me suis rappelé ma promesse, ma promesse sur l'honneur, et le neveu était là; il me regardait avec angoisse,—et j'ai dit: Rébecca.

Cependant, il trouvait bien quelques ressemblances avec sa tulipe, — aussi il est resté préoccupé;— il a beaucoup loué le reste de ma collection, et n'a rien dit de celle qui est la perle et le diamant de ma collection. — Il est revenu le lendemain, — puis le surlendemain, — puis tous les jours tant qu'elle a été en fleur; — puis il a réussi à se tromper lui-même : — il a cru voir entre Rebecca et... l'autre... des différences imaginaires. Alors seulement il a dit : « Elle ressemble un peu à... » vous savez.

Eh bien, monsieur, — j'ai aujourd'hui la tulipe que j'ai tant désirée, — et je ne suis pas heureux. — A quoi cela me sert-il, puisque je ne puis le dire à personne! — Quelques amateurs, — forts, — la reconnaissent à peu près ; — mais je suis forcé de nier ; — et je n'en rencontre pas un assez sûr de lui pour me dire : « Vous êtes un menteur. » — Je souffre tous les jours d'affreux tourments ; — j'entends ici faire l'éloge de la tulipe que j'ai comme lui. — Quand je suis seul, je m'en régale ; je l'appelle de son vrai nom, auquel je joins les épithètes les plus tendres et les plus magnifiques. — L'autre jour, j'ai eu un peu de plaisir ; — je l'ai prononcé, ce nom, — ce nom mystérieux, — tout haut à un homme. — Mais je n'ai pas manqué à mon serment : — cet homme est sourd à ne pas entendre le canon.

Eh bien, cela m'a un peu soulagé, — mais c'est incomplet. — On ne sait pas que je l'ai — elle... Tenez... ayez pitié de moi, — mon serment me pèse. — jurez-moi sur l'honneur, à votre tour, de ne pas répéter ce que je vais vous dire... Je vous dirai alors son vrai nom, — le vrai nom de Rébecca, de cette reine déguisée en grisette. — Votre serment, à vous, ne sera pas difficile à tenir ; — vous n'aurez pas à lutter comme moi. — Monsieur, c'est affreux, mais je désire que cet homme, que ce Candaule soit mort, — pour dire tout haut que j'ai... Tenez, faites-moi le serment que je vous demande. »

J'eus pitié de lui, et je lui promis solennellement de ne pas répéter le nom de la fameuse tulipe.

Alors, avec une expression d'orgueil intraduisible, — il toucha la plante de sa baguette, — et me dit :

« Voici... »

Mais, à mon tour, je suis engagé par un serment; — je ne puis dire le nom qu'il fut si heureux de prononcer.

Croyez-vous qu'on invente ces choses-là ?

X

A LÉON GATAYES

Une bande d'un blanc lumineux s'étend à l'horizon ; le rossignol, — mon rossignol, car c'est celui de l'année dernière qui est revenu construire un nouveau nid où celui de la couvée précédente a été respectée, — le rossignol fait entendre ses derniers chants ; les merles, les pinsons, les fauvettes, saluent l'aube à leur tour; les mâles, secouant leur plumage, agitant leurs ailes, chantent au-dessus du nid où leurs femelles tiennent abrités, sous leur chaud plumage, les œufs ou les petits oiseaux encore nus, tendres fruits de leur mélodieux amour.

Les fleurs entr'ouvrent leurs corolles, dans lesquelles

les abeilles viennent, en bourdonnant, enlever le pollen dont elles composent leur miel parfumé.

La bande de l'horizon, qui était d'un feu blanc, devient d'un feu jaune ; — l'aurore succède à l'aube ; — les premiers rayons obliques du soleil font resplendir les gouttes de rosée suspendues aux feuilles et aux fleurs d'un éclat qui éteindrait les opales, les émeraudes, les rubis et les améthystes.

Un souffle frais dissipe le léger voile qu'une petite brume étendait sur la prairie ; — il n'en reste plus que quelques gouttelettes étincelantes, qui, de quelques toiles d'araignée, forment des réseaux de diamant ; — le coq fait entendre sa voix retentissante ; — le cheval hennit dans son écurie, — les vaches beuglent dans l'étable, la chèvre bêle ; — tous appellent la grosse Théréson, une belle et bonne fille qui est chargée de leur déjeuner.

Tout recommence son travail incessant ; les vignes, les liserons, les chèvrefeuilles continuent leurs spirales commencées autour des arbres qui leur servent d'appui ; — tout est reposé, frais, dispos ; — tout s'accueille, se retrouve avec un air heureux et affectueux.

Les garçons et les filles, qui vont commencer leur journée au jardin, échangent entre eux et avec moi un bonjour et un sourire amical.

Mais, tout à coup, un bruit pareil à celui de la foudre gronde dans la vallée et retentit longuement, renvoyé d'échos en échos : — est-ce le tonnerre? — Non, le ciel est pur, bleu, limpide.

En même temps, les cloches de la ville se font entendre.

Est-ce l'*Angelus*?

Non, il est sonné il y a déjà longtemps.

Et puis ce n'est pas la même sonnerie paisible et lente.

Les cloches sonnent à grandes volées et de tout leur éclat ; — un second coup, semblable au tonnerre, succède au premier à peine éteint dans l'air, — et roule de nouveau dans les montagnes et les vallons. Ce n'est pas le tonnerre, — ce n'est pas l'*Angelus*.

C'est le canon ; — c'est un *Te Deum* solennel que l'on va chanter à l'église de Sainte-Réparate, la cathédrale de Nice.

Le télégraphe a apporté cette nuit la nouvelle d'une victoire, on va en remercier Dieu.

J'ai distribué l'ouvrage à chacun, — j'ai passé ma revue de chaque matin, — je m'assieds sous une tonnelle de lauriers-roses, sur un banc auprès de la mare où s'épanouissent les nénufars, les reines des prés, les joncs fleuris, les vergiss-mein-nicht, les salicaires, — où les libellules se poursuivent en rasant l'eau, — et j'écoute la voix des cloches et du canon qui répètent au loin, en les paraphrasant, les paroles que dit, à Sainte-Réparate, le prêtre aux chrétiens rassemblés.

« *Te Deum, laudamus!* nous te louons, grand Dieu!
— *Te Dominum, confitemur!* nous te reconnaissons le maître. »

O canon formidable, qui faites un bruit à fêler les échos! ô cloches de Nice, si mauvaises, si discordantes, si fêlées vous-mêmes, vous auriez pu vous taire! La nature, à son réveil, le dit plus éloquemment que vous, d'une voix plus harmonieuse et plus pénétrante.

Depuis les premières lueurs blanches jusqu'aux derniers reflets violets; — depuis le chant de l'alouette jusqu'à celui du rossignol; — depuis que prend son vol le papillon, fleur animée, jusqu'à ce qu'il soit remplacé dans l'air par la luciole, étincelle vivante, — tout le chante, tout le répète dans une céleste harmonie: — *Te Deum, laudamus!* nous t'adorons, Seigneur, et nous reconnaissons que tu es le maître souverain.

Ah! voici que s'ouvrent les fenêtres de la maison tapissée de grands rosiers et de bignonias; — le petit chien griffon secoue sa laine, et cherche dans le jardin, — puis saute entre mes jambes en faisant entendre des crix joyeux. Derrière lui accourt la maîtresse de la maison, la chère petite Jeanne; — c'est une seconde aurore qui se lève pour moi, et celle-ci se lève dans mon cœur.
— Quand j'ai retrouvé ses fraîches couleurs de la veille, ses yeux brillants, sa démarche souple et bondissante, — la joie chante dans mon cœur : je te bénis, Seigneur! *Te Deum, laudamus!*

Jeanne alors visite tous ses joujoux vivants, dont elle est aimée : ses pigeons, sa daine, son petit âne de Sardaigne, sa monture ordinaire, auxquels elle distribue du grain, de l'herbe, du pain, des caroubes, et tous l'accueillent avec des airs d'amitié qui ne sont ni feints ni exagérés.

Nous te louons, grand Dieu, toi qui as voulu que cet univers — l'homme, l'animal, la plante — se perpétue par l'amour; — toi qui as donné à l'homme cet instinct de sociabilité, — qui ne lui as accordé la force qu'à la condition de l'affection et de l'alliance, qui l'as fait naître le plus faible et le plus désarmé des animaux, et qui lui donnes l'empire du monde et la vice-royauté de la nature, lorsqu'il s'assemble par les liens doux et étroits de la famille, de la patrie, de l'humanité!

Mais écoutons les cloches, écoutons le canon, ce n'est plus là ce qu'ils envoient aux échos.

« *Dominus sabaoth,*—Dieu des armées, s'écrient-ils, nous te louons! — *Te Deum, laudamus!*

» Car nous avons hier marché dans le sang jusqu'aux genoux.

» Nous te louons, Seigneur! car nous avons fait une montagne des corps morts des ennemis.

» Et eux n'ont pu faire qu'une colline de nos cadavres.

» Nous te louons, Dieu des armées! *Dominus sabaoth!* — de nos compatriotes, de nos amis, de nos frères, dix mille seulement ont été éventrés et coupés en morceaux, — tandis que vingt mille de ceux qui ont des habits blancs ont subi le même sort.

» Je suis borgne, mais l'ennemi est aveugle. — Grand Dieu, reçois mes actions de grâce ! »

— Mais qu'appelez-vous l'ennemi ou les ennemis ?

— Ceux qui ont des habits blancs.

— Ont-ils d'autres crimes à se reprocher ?

— Non, mais c'est bien assez.

— Est-ce de leur plein gré qu'ils viennent se battre contre vous ?

— Non, certes! ils aimeraient certainement mieux rester chez eux à cultiver leurs champs et à élever leur famille.

— Alors...

Mais ici les cloches et le canon m'interrompent pour continuer à dire aux échos :

« Les moissons et les pâturages sont détruits, les chaumières démolies et brûlées, — les familles ont perdu leurs fils aînés, — et les charrues traceront des sillons incertains et sinueux sous la main faible et inexpérimentée des plus jeunes.

» *Te Deum, laudamus!* Seigneur, nous te louons ! »

Et les cloches cessèrent de sonner, et le canon cessa de gronder. — Le *Te Deum* était fini. — L'intendant, le syndic, les consuls sortirent de l'église, et allèrent quitter leurs habits brodés, — et l'hymne de la nature, —

hymne de joie, de paix et d'amour, un moment troublé par le canon et par les cloches, — recommença :

« *Te Deum, laudamus !* nous te louons, Seigneur ! car les épis vont bientôt jaunir, et la vigne commence à grossir ses grains ; — hommes, femmes, oiseaux, abeilles, nous travaillons tous, et nos efforts unis amèneront la récolte et la vendange, et l'abondance même pour les plus pauvres, et l'on aura quelque chose à partager avec ceux qui, cette année, n'auront pas de moissons, — avec ceux qui auront perdu leurs fils aînés, — avec les mutilés et les blessés, — avec les martyrs de la guerre. — Heureux encore, parmi les autres, ceux qui meurent et ceux qui souffrent pour la sainte liberté ! »

XI

A ALPHONSE DARNAULT

Chez presque tous nos anciens poëtes, on voit donner au mois de mai le nom de mois des roses. Cette erreur provient de ce que très-longtemps on a pris chez les Grecs et chez les Latins des images toutes faites, et que nos premiers trouvères étaient du midi de la France.

En réalité, pour presque toute la France, le mois des roses est le mois de juin. Les roses du Bengale, les roses banks et une ou deux autres variétés fleurissent seules dans le mois de mai.

Il y a souvent lieu de s'étonner que les poëtes paraissent fréquemment n'observer la nature que dans les livres. Quelques-uns aussi, en parlant des fleurs, commettent des erreurs qui, entre autres torts, ont celui de nous avertir que le récit qui nous enchante n'est qu'une fiction. Ainsi, pour ne citer que ceux de nos écrivains dont le nom et le crime me reviennent maintenant à la mémoire, M. Alexandre Dumas citait, il y a quelques jours, des pêchers qui fleurissent à la fin de mai ; madame Sand a parlé de chrysanthèmes bleus ; M. de Balzac a décrit des azalées grimpant autour d'une maison ; M. Janin a cru voir des œillets bleus, et M. Rolle a vanté l'odeur enivrante des camellias. Avant eux, madame de Genlis avait parlé de roses vertes et de roses noires ; mais, sous le rapport des roses, il sera beaucoup pardonné à madame de Genlis, parce que c'est elle qui a apporté en France la première rose mousseuse, qu'on lui avait donnée en Angleterre.

Ce n'est pas seulement des écrivains que les roses peuvent se plaindre ; certains jardiniers et certains amateurs ont bien aussi, à leur égard, quelques reproches à se faire. Pour chercher des nouveautés et pour leur faire place, on a abandonné la culture des plus riches et des plus magnifiques roses. La rose à cent feuilles, la plus belle de toutes les roses, est aujourd'hui exilée de presque tous les jardins d'amateurs un peu difficiles. Pourquoi ? je vais vous le dire : elle ne remonte pas, elle ne fleurit qu'une fois par an. Depuis une douzaine d'années, les amateurs ont décidé que les roses devaient fleurir au moins deux fois chaque été. Je comprends parfaitement qu'on fasse un meilleur accueil aux roses dont la floraison se renouvelle ; mais du moins attendez, pour proscrire nos belles roses anciennes, que le semis vous en ait donné de semblables qui remontent. Loin de là, on a fait graduellement de cette qualité de plus la seule et unique qualité qu'on exige des roses. Quelque magnifique que soit le coloris d'une rose, quelque suave que soit son parfum, si elle ne remonte pas, on sourit dédaigneusement, on lève les épaules et on passe devant. Pourquoi n'exigez-vous pas que le lilas fleurisse deux fois ? Les jardins ne sont-ils pas remplis de plantes qui n'ont qu'une floraison par année ? C'est même la très-grande majorité des plantes. Ce n'est pas tout : la qualité de remonter étant devenue la première, l'unique qualité des roses, pour le plus grand nombre des jardiniers et des amateurs, on a permis aux roses qui remontent toutes sortes de licences. Dans la collection des nouvelles roses remontantes, le plus grand nombre n'a pas d'odeur, beaucoup sont loin d'avoir les belles formes et le

riche coloris des exilées qu'elles ont remplacées.
Eh bien, j'avoue hautement que j'aime mieux une
belle rose qui ne fleurit qu'une fois, qu'une rose
médiocre qui fleurit deux fois ; j'aime mieux une rose
qui fleurit une fois en exhalant un suave parfum,
qu'une rose qui fleurit plusieurs fois sans odeur. De
progrès en progrès, si on laisse faire certains amateurs, on finira par former une collection de roses
perpétuelles... en papier. Et encore, dans le nombre
infini des roses dites remontantes, combien y en a-t-
il qui aient en réalité plusieurs floraisons? La plupart
ne sont belles que la première fois qu'elles fleurissent, et donnent à l'automne des fleurs rachitiques,
déchirées, avortées ; d'autres, au contraire, n'ont au
mois de juin qu'une floraison insignifiante, et fleurissent *sérieusement* au mois de septembre. Pour
ne parler que d'une très-belle et récente rose, comment la rose de la reine remonte-t-elle ? Cette énorme
fleur, ce magnifique chou rose, étale avec orgueil ses
mille pétales au mois de juin ; mais ensuite elle ne
donne plus que quelques fleurs médiocrement belles
et de petites dimensions pendant le reste de la saison. On peut dire qu'elle fleurit une fois et demie.
Avec la plupart des roses dites remontantes, le plus
sage est de supprimer par le pincement les boutons

de la première floraison, et alors on a de belles roses à la seconde.

Sur certains catalogues, on compte trois mille roses ; ceci a besoin d'explications :

1° Beaucoup de roses ont reçu autant de noms que les princesses espagnoles. Un jardinier ou un amateur voit sortir de ses semis une rose qui lui est inconnue ; il la déclare nouvelle, lui donne un nom, et la voilà lancée. Quelquefois cette même rose a été trouvée par deux ou trois autres jardiniers.

2° On accepte comme variété quelquefois un accident. Telle rose fleurissant à l'ombre ou au soleil, végétant dans une terre forte ou dans un terrain sablonneux, présente aux yeux des différences avec la même rose nourrie dans un autre sol, épanouie à une autre exposition.

3° Vous semez, par exemple, des grains de la rose du roi ; il vous vient une rose plus pâle, moins double, sans odeur, en un mot inférieure en tout point à la rose du roi ; n'importe, c'est une nouvelle variété obtenue, c'est un *gain*, et on la met dans le commerce.

Hélas ! le commerce ! Les épiciers ont commencé par altérer le café, puis ils y ont mêlé de la chicorée, puis ils l'ont supprimé et ont vendu de la chicorée seule. Ce n'était rien : aujourd'hui on vend de la fausse chicorée!

Parmi les jardiniers commerçants, on compte un assez grand nombre d'honnêtes gens, parce qu'on trouvera toujours plus d'honnêteté dans un état qu'aime celui qui l'exerce et où il met sa gloire et trouve ses plaisirs, que dans un état que l'on fait sans goût, uniquement pour gagner de l'argent. Il serait de l'intérêt des jardiniers et des amateurs que l'on apportât plus de sévérité dans l'admission des plantes nouvelles.

Je comptais vous donner aujourd'hui une liste des cent plus belles roses ; c'est tout ce qu'en peut contenir un petit jardin. Il a fleuri de si bonnes choses pour moi dans un certain petit jardin, qu'aujourd'hui que j'en ai un un peu plus étendu j'ai gardé un grand culte et un grand respect pour les petits jardins.

. . . . J'ai si longtemps aimé
Un tout petit jardin sentant le renfermé.

En général, ceux qui ont de grands jardins ont d'autres luxes et d'autres plaisirs. Le possesseur du petit jardin souvent n'a que son jardin; c'est toute sa richesse, toute sa joie, tout son orgueil. Ceux qui ont des jardins plus grands doubleront, décupleront les roses qui leur plairont le plus. — J'aime mieux dix fois cent belles roses que mille roses dont les deux tiers seraient médiocres. — Mais je suis obligé d'ajourner cette liste à un autre article — je ne puis prendre sur moi une telle décision — et c'est en concile œcuménique de jardiniers que cette famille aristocratique sera proclamée.

Beaucoup de personnes demandent : Comment trouve-t-on de nouvelles variétés de roses? — On répond : Par le semis. — Mais, ajoutent ces questionneuses comment se fait-il que les graines d'une rose ne produisent pas des roses semblables à leur mère?

Je dois m'arrêter ici pour faire remarquer que beaucoup de ceux qui lisent ceci en savent autant et plus que moi, — que je prie les savants de ne pas s'offenser de ce que je parle des choses qu'ils savent. — J'ai d'ailleurs soin de supposer que ce sont des femmes qui m'adressent ces questions, et elles ont presque toutes assez d'esprit pour ne pas mettre leur gloire et leur puissance à être savantes. J'en sais même qui ont appris beaucoup de choses, qui les savent très-bien, et qui cachent ce qu'elles ont appris avec un soin qui ressemble à la pudeur.

Le plus grand charme des femmes est d'être

femmes. Quelques-unes de ce temps-ci, voyant que les hommes s'efféminaient et se rapprochaient d'elles, ont cru bien faire de se rapprocher des hommes en devenant des viragos, en s'habillant en hommes, en fumant et en secouant vigoureusement la main des hommes qui, autrefois, baisaient respectueusement la leur. Ces femmes se trompent lourdement. Une femme d'esprit n'avouera jamais qu'elle est savante, qu'elle est forte, qu'elle est brave. Une femme d'esprit à laquelle la nature a fait le mauvais tour de la créer intrépide exagère sa timidité autant que l'homme exagère son courage. Ce qui n'empêche pas que les gens qui regardent de près savent bien qu'au fond les femmes sont plus braves que les hommes. Revenons aux roses.

Prenez une rose simple ; au centre des cinq pétales dont elle est modestement ornée, vous voyez de petits filets surmontés d'une houppe jaune ; ce sont les étamines. Au centre des étamines est un petit œuf vert surmonté d'un filet sans houppe jaune ; l'œuf est l'ovaire, le filet est le pistil ; l'ovaire et le pistil composent l'organe femelle, c'est-à-dire la petite nymphe qui habite la rose. Les étamines, chargées d'une féconde poussière jaune, sont des amants empressés qui entourent la nymphe. Quand les pétales de la rose tombent, vous voyez l'ovaire grossir, devenir jaune, puis écarlate, puis mûrir, pourrir, tomber sur terre et laisser échapper des graines qu'il renferme enveloppées dans une sorte de coton rude. Au moment où une rose s'épanouit, coupez et enlevez les étamines, l'ovaire ne grossira pas et les graines qu'il contient se dessécheront.

Une rose double est une rose chez laquelle une partie des étamines s'est changée en pétales ; si la rose est tout à fait double, c'est-à-dire s'il ne reste aucune étamine cachée sous les pétales, la rose ne peut plus produire de graines.

Une rose qui serait seule dans un jardin vitré ne reproduirait par ses graines que des fleurs semblables à elle. Mais il suffit, dans un parterre ou dans un jardin, que l'air porte quelques grains de la petite poussière jaune des étamines d'une autre rose ; il suffit qu'une abeille, faisant ses provisions, après s'être roulée dans une rose, aille se rouler dans une autre chargée du pollen des étamines de la première, pour qu'il arrive à peu près ce qui arrive quand un blanc épouse une négresse ; je dis à peu près, car les petits de la rose ne seront pas tous mulâtres, c'est-à-dire ne présenteront pas tous un mélange des deux roses : si l'une des deux est blanche et l'autre rose, des graines qu'elles donneront il proviendra des roses semblables à toutes deux et des roses qui présenteront divers mélanges de leurs formes et de leurs couleurs. C'est Linnée qui a découvert que les plantes et les fleurs avaient deux sexes comme tous les animaux. Des moines allemands ont imaginé la fécondation artificielle, c'est-à-dire de porter sur le pistil d'une fleur la poussière des étamines d'une autre fleur d'une variété différente, mais de la même espèce, sans confier au hasard et aux caprices du vent et des insectes cette admirable opération.

C'est avec intention que je disais tout à l'heure que la fécondation ne s'opérait qu'entre plantes de la même espèce ; s'il y a des exceptions, il n'y en a guère, et je ne les connais pas.

M. Desprez, qui est mort il y a peu de temps, était un célèbre cultivateur de roses. C'est de ses semis qu'est venue cette belle rose couleur de cuivre, qu'on appelle noisette-Desprez, et un assez grand nombre d'autres bonnes plantes. M. Desprez, comme beaucoup d'autres, cherchait la rose bleue ; il avait réuni dans son jardin d'Yèbles à peu près toutes les plantes bleues connues, et regardait avec joie les abeilles porter le pollen de ces fleurs bleues dans les roses où elles allaient compléter leur provision. Cette tentative devait être et a été sans résultat. Je ne crois pas que dans les semis nombreux obtenus par M. Desprez il y ait des fleurs même violettes.

A propos de bleu, il faut se défier de l'épithète de bleu, appliquée à une plante sur les catalogues. J'ai dû, il y a déjà longtemps, faire admettre dans la langue horticulturale une couleur qui n'est pas dans le prisme, et que ne connaissent pas les peintres. Au bleu de Prusse, au bleu d'outremer, au bleu de roi, devenu bleu de France, j'ai ajouté le bleu de jardinier : c'est une couleur qui commence à l'amarante et finit au violet, et quelquefois au brun.

A propos de fleurs bleues, j'en cultive deux que je ne rencontre jamais dans les jardins, qui sont fort jolies, et qui ont en outre le mérite d'être franchement bleues, ce qui est assez rare : l'une est la *comméline tubéreuse*, dont l'aspect est celui d'une éphémère de Virginie, à fleurs bleu-de-ciel ; l'autre est le *plumbago larpentæ*, qui porte des ombelles de fleurs d'un magnifique bleu sombre. Ces deux plantes sont de pleine terre, pourvu qu'on les recouvre pendant l'hiver, où la comméline disparaît entièrement, de quelques poignées de feuilles sèches.

Revenons encore une fois aux roses. L'exposition du Luxembourg a été brillante, sans présenter cependant de nouveautés bien remarquables. Entre les roses qui ne sont pas encore très-répandues, il faut citer le *géant-des-batailles*. C'est de toutes les roses celle qui présente aux yeux la plus splendide et la plus éclatante nuance de rouge, et la rose *persian-yellow*, jaune de Perse.

C'est une fleur d'un jaune éclatant, passablement pleine, très-vigoureuse, et dont les rameaux sont chargés de fleurs.

Quelque belle que soit la rose jaune de Perse, elle ne l'est cependant pas autant que l'ancienne rose jaune à cent feuilles ; mais celle-ci a le défaut de fleurir rarement bien, et de ne présenter guère que des roses avortées.

C'est une des quatre roses qu'on connaissait sous Louis XIV (la rose à cent feuilles, la rose blanche, la rose des quatre saisons, la rose jaune).

Il y a quelques moyens de faire fleurir la rose jaune ; les extrémités des rameaux où les boutons à fleurs sont très-nombreux sont grêles et ne peuvent livrer passage à une quantité suffisante de séve pour l'épanouissement des fleurs. Il s'agit donc de ne laisser à chaque brindille chargée de boutons qu'un nombre que la séve puisse alimenter. Sur un rosier un peu vigoureux, il y a au moins cent boutons ;

n'en laissez que quinze, vous aurez une dizaine de belles fleurs parfaitement épanouies, si surtout vous plantez vos rosiers au pied d'un mur.

M. Oudin de Lisieux m'a envoyé un rosier obtenu par un horticulteur de Normandie, et auquel cet horticulteur, dont j'ai le regret de ne pas savoir le nom, a bien voulu donner mon nom. Malheureusement je n'étais pas chez moi lorsque cette rose a fleuri ; mon jardinier m'écrit qu'elle est très-belle.

Du temps du parlement, les ducs et pairs, dit Sauval, fussent-ils princes ou fils de France, étaient obligés, au printemps qui suivait leur nomination, de présenter des roses au parlement. — Cela s'appelait la cérémonie des roses. Le pair ou prince qui présentait ces roses faisait joncher d'herbes et de fleurs toutes les chambres du parlement, et, avant l'audience, donnait un magnifique déjeuner. Il venait ensuite dans chaque chambre, faisant porter devant lui un grand bassin d'argent plein de bouquets de roses et d'œillets.

Le parlement ordonna, le 17 juin 1541, que Louis de Bourbon-Montpensier, créé duc et pair en février 1538, lui présenterait des roses avant François de Clèves, créé duc de Nevers et pair au mois de janvier de la même année 1538.

On ignore l'origine de cette gracieuse cérémonie ; on ignore de même le temps et la cause de son abolition. On trouve que François, duc d'Alençon, fils de Henri II, s'y soumit vers l'an 1580.

XII

A LÉON GATAYES

Il y a quelques jours, la gracieuse directrice de *la Gazette rose*, en promulguant les arrêts de la mode, parlait d'une parure de la princesse Clotilde, — à je ne sais quelle fête donnée aux Tuileries.

J'ai été mélancoliquement impressionné de cette description.

Voici, en effet, ce que dit madame de Renneville :

« Laissez-moi vous dire la fraîche et coquette toilette que la princesse Clotilde portait dans l'un des derniers grands bals costumés.

» Elle personnifiait la rose.

» Sa coiffure se composait d'une grosse rose placée au

milieu du front, d'une semblable rose par derrière, de deux roses de côté, d'une aigrette de boutons de rose, et de deux branches flexibles de boutons et de feuillage, pleurant sur les épaules.

» Le collier était en boutons de rose, ainsi que les bracelets.

» La robe, de tulle rose, ressemblait à un buisson de roses.

» Tout autour grimpaient de longues traînées de boutons et de feuillages, et, presque à mi-jupe, se déroulait un feston arrondi de grosses roses épanouies. Le corsage n'était que roses et boutons admirablement imités. »

Des fleurs artificielles à cette jeune princesse, née et nourrie sous l'ombrage d'orangers, au doux pays des roses, aux lieux où les anémones, les renoncules et les tulipes sont des fleurs sauvages ! — où l'hiver se reconnaît à ceci, que c'est la saison des violettes et la floraison des amandiers ! O fille du brave, du loyal Victor-Emmanuel! quel changement pour vous, quel triste étonnement a dû être le vôtre, lorsqu'on vous a présenté des chiffons coloriés, en vous disant : « Voici des fleurs, — les fleurs de la saison ; — ce ciel gris n'en produit pas d'autres pendant les rigueurs de l'hiver ! »

Vous avez dû vous écrier, — comme Iphigénie en Aulide :

Ciel! pour tant de rigueurs, de quoi suis-je coupable?

Car il ne faut pas croire que la princesse Clotilde oublie son pays. La même *Gazette rose* dit :

« Au bal costumé du ministre d'État, la princesse Clotilde avait un costume de paysanne sarde qui lui seyait à ravir. »

XIII

AU COLONEL ALPHONSE DE FOISSY

J'ai quelquefois réuni les divers noms d'une plante dans un certain nombre de langues. Il est singulier de voir combien le nom de la rose varie peu et est à peu près le même partout. Ainsi les Grecs l'appelaient ῥόδον, — les Arabes, *rod*, — les Latins, *rosa*, — les Italiens, les Espagnols, les Portugais, les Russes, l'appellent *rosa*, — les Polonais, *roza*, — les Allemands, les Anglais, les Français, les Danois, *rose*, — les Suédois, *ros*, — les Hollandais, *roos*.

Il n'y a pas de livre ancien où il ne soit question de la rose. Homère, Saadi, Hérodote, Virgile, Horace, lui ont adressé quelques hommages; Anacréona fait pour elle deux odes intitulées toutes deux : Εἰς ῥόδον.

J'étais fort surpris que Salomon n'en eût pas parlé, lui qui a composé cinq mille poëmes et trois mille paraboles (Livre IIIe des Rois, ιv, 32), et qui avait sept cents femmes et trois cents maîtresses à qui il avait à dire quelques douceurs (Livre III des Rois, xι, 3).

J'avais relu le Cantique des Cantiques et j'étais surpris que Salomon comparât la Sulamite à tout, excepté à a rose. Il la compare au vin, à une tente, à une vigne, à une cavale, à une tourterelle, à un collier, à une fontaine, à une tour, à un rayon de miel, à l'aurore, au soleil, à la lune, à un jardin, à un lis, etc.; et, me disais-je, il ne la compare pas à la rose !

Heureusement que le hasard m'a fait rencontrer un jeune savant qui a fait une nouvelle traduction littérale du Cantique des Cantiques et qui a relevé plusieurs erreurs des traductions précédentes, aux applaudissements de quelques vieux savants consciencieux.

Sans la rencontre de M. Darnaud, j'aurais toujours cherché comment Salomon, qui, dit le Livre des Rois (III, ιv, 33) a traité de *tous les arbres*, *depuis le cèdre jusqu'à l'hysope,* n'avait pas profité d'une pareille occasion de parler de la rose.

Mais, selon M. Darnaud, on s'est trompé sur le sens et sur les racines du mot hébreu *hebatseleth,* que le Maistre de Sacy traduit par *fleur des champs,* et que d'autres ont appelé simplement *hebatseleth.*

M. Darnaud établit que *hebatseleth* est tout uniment la rose, et il donne les racines de ce mot : *hâbab,* il a aimé, et *tsâal,* il a de l'éclat. — Amour et éclat. Cette étymologie a été approuvée par M. S. Cahen, célèbre traducteur de la Bible et directeur des archives israélites.

Il est donc constant que Salomon a comparé la Sulamite à la rose, en même temps qu'au lis des vallées.

Nous retrouvons la rose dans la fête de la rosière, instituée à Salency par saint Médard, évêque de Noyon, du temps de Clovis.

On dit que sainte Rose, née à Lima et morte en 1617, s'appelait en réalité Isabelle, mais que sa mère l'avait appelée Rose à cause du doux éclat de son visage.

Saint Basile dit qu'à la naissance du monde les roses étaient sans épines.

Anacréon prétend que la rose est devenue rouge

parce que les dieux ont versé sur elle du nectar.

Un autre poëte ancien avait dit que c'était le sang de Vénus, blessée par une épine du rosier, qui avait donné à sa fleur son brillant incarnat.

On pourrait faire un dictionnaire curieux des erreurs et des mensonges auxquels chaque mot de la langue a servi de prétexte : la rose y aurait un article assez long. Sans parler des mensonges que font tous les jours à son sujet les catalogues des marchands, il y a quelques erreurs qui subsistent encore dans certains pays.—Madame de Genlis donne quelque part la recette pour avoir des roses noires et des roses vertes. Le procédé est simple : on greffe un écusson de rosier sur un cassis ou sur un houx. — Il n'y a pas quinze jours qu'un homme se disant jardinier m'a encore communiqué cette recette. Ce qui est plus étonnant, c'est que Valmont de Bomare, qui écrivait après Buffon, après Réaumur, après Linnée, après Tournefort, etc., c'est-à-dire à une époque où l'histoire naturelle et la botanique étaient dans un grand état de splendeur, dans son dictionnaire fort estimé d'histoire naturelle, publié pour la première fois à Paris en 1765 (l'édition que j'ai est de 1775), dit très-sérieusement que « l'on voit *communément* en Italie des roses bleues, et, aux environs de Turin, un rosier dont les pétales des fleurs sont tachetés de vert. » Il ajoute que « l'on dit que le rosier à fleurs rouges, enté sur le houx, produit des fleurs vertes. La séve du houx force apparemment les filières du rosier. » Valmont de Bomare ne parle pas des roses noires. Les auteurs du dictionnaire de Trévoux parlent d'une rose de la Chine qui change de couleur deux fois par jour ; elle est alternativement rouge et blanche. C'est sans doute ce qui a donné l'idée à certains commerçants d'annoncer et de vendre, il y a deux ou trois ans, une rose *de la Chine, à cinq couleurs*; laquelle rose, souvent unicolore, n'est pas plus et pas si bien panachée que beaucoup de nos roses de Provins. Elle figure encore sur un certain nombre de catalogues. Disons en passant que le sujet sur lequel on greffe n'a pas d'action ni sur la couleur, ni sur l'odeur, ni sur la saveur de la greffe et de ses produits : le sujet qui supporte la greffe est complétement asservi.

J'ai parlé dans le précédent article de la baillée des roses, cérémonie du parlement. Il y avait aussi à Rome, pendant le carême, un dimanche de la rose, *dominica in rosa*. Par un usage tombé, je crois, en désuétude, le pape bénissait une rose et l'envoyait à quelque prince ou princesse de l'Europe, comme marque d'estime. Je crois que la rose envoyée était en or.

L'Académie des Jeux Floraux de Toulouse, fondé dès 1322, rétablie en 1500 par Clémence Isaure, et aujourd'hui encore existante, donne pour prix de poésie une *rose simple,* une violette et un souci d'or ou d'argent.

La rose entre dans le blason, où elle est *soutenue* ou *non soutenue.* Le *noble à-la rose* était une monnaie qui avait une rose pour effigie.

La rose rouge et la rose blanche ont été fameuses en Angleterre, comme symbole des deux maisons d'York et de Lancastre, qui se disputèrent le trône de 1450 à 1485.

On dit généralement que le signe de ralliement des partisans du duc d'York était la rose blanche et que les Lancastre avaient la rose rouge. Les pères de Trévoux attribuent au contraire la rose blanche aux Lancastre et la rouge aux partisans de la maison d'York.

Toujours est-il que la guerre entre ces deux roses finit par une hybridisation ou par une greffe, et que Henry Tudor, qui descendait des Lancastre, épousa Élisabeth d'York, et réunit ainsi les prétentions des deux familles.

A propos de greffe, qu'il me soit permis d'ouvrir ici une parenthèse pour constater un nouveau barbarisme que nous devons à la politique. Nous connaissons plusieurs manières de greffer une plante sur une autre : on a la greffe en écusson, la greffe en couronne, la greffe en fente, la greffe en placage, la greffe à la Pontoise, la greffe par approche, etc.; mais nous ne savons pas ce que c'est que la *fusion de deux branches,* dont on parle depuis quelque temps. Peut-être veut-on dire la confusion. Les orateurs politiques, en général, pourraient fournir une série d'exemples à ne pas suivre en fait de métaphores. On se rappelle la véritable *base* du *lien* social de M. Berryer. M. Pasquier plaçait la *source* de la prospérité sous l'*égide* du roi Louis-Philippe, laquelle *source* se trouvait un peu plus loin admirablement *soutenue* par la sagesse du même roi, etc.

Ce n'était pas une petite besogne que de faire une liste des cent plus belles roses ; aussi n'y ai-je pas tout à fait réussi. Je ne voulais pas assumer la responsabilité de rejeter, d'exiler des jardins deux mille neuf cents roses environ. J'ai pensé à réunir un certain nombre de juges irrécusables en concile œcuménique, à mettre aux voix les roses les plus estimées et enregistrer l'arrêt des maîtres.

Jusqu'ici on compte dans l'histoire dix-neuf conciles œcuméniques qui ont traité des opinions des hommes sur Dieu : ce vingtième concile est consacré à l'admiration de ses œuvres ; c'est une manière de l'adorer qui peut-être en vaut plusieurs autres.

Les pères qu'il a été possible de réunir en concile sont au nombre de cinq. Je me suis moi-même nommé secrétaire, avec voix délibérative. Les Grecs, ai-je lu dans un gros livre, écrivaient en cercle les noms de leurs sept sages, pour ne pas paraître leur assigner un rang relatif : nous ferons la même chose en nommant nos maîtres par ordre alphabétique :

Ont voté : MM. Hardy, fils du célèbre jardinier en chef du Luxembourg et jardinier habile lui-même, nourri dans le sérail, c'est-à-dire au milieu d'une collection célèbre en Europe ; Laffay, heureux père d'un grand nombre de belles roses ; Margottin et René dit Lévêque, dont les semis ont été souvent si heureux ; et Van Houtte, de Gand, collecteur savant et intelligent, et auquel l'horticulture doit l'introduction d'une foule de plantes du plus grand mérite.

Quelques autres, également conviés, n'ont pu répondre à l'appel qui leur était fait, par diverses raisons.

Tous ont d'abord été d'accord que le nombre de

cent roses était bien restreint ; mais j'ai insisté, et voici le résultat obtenu. Au nom et à la couleur des roses élues, j'ai ajouté, grâce à d'assez difficiles recherches, la date de la naissance d'un assez grand nombre et le nom de celui qui les a obtenues. Je regrette de n'avoir pas pu compléter ce travail, que je n'ai pu ébaucher qu'en ayant recours à des recueils nombreux.

Les roses élues sont au nombre de cent quarante. Ceux des lecteurs qui voudront faire un choix plus restreint sont avertis que l'ordre dans lequel sont placées les roses ayant obtenu un même nombre de voix est dû au hasard.

Ont obtenu six voix :

Duchesse-de-Sutherland, rose tendre ; provenant d'un semis de M. Laffay. — *Géant-des-batailles*, cramoisi éclatant ; semis de M. Guillot. — *Souvenir-de-la-Malmaison*, carné pâle ; semis de M. Beluze, à Vaise, près Lyon, 1843.—*Rose-de-la-Reine*, trèsgrande, rose lilacé ; semée par M. Laffay en 1835, elle a fleuri pour la première fois en 1841.

Cinq voix :

Dupetit-Thouars, rouge violacé. —*Duchesse-de-*

Montpensier, rose tendre, cœur rose vif; obtenue par M. Margottin en 1846. — *Madame-Laffay*, rouge clair; semis de M. Laffay. — *Vicomtesse-Decaze* (thé), jaune pâle, centre jaune cuivré. — *Chromatella* (noisette), jaune vif. — *Prince-Albert*, rose et violet; né chez M. Laffay, à Bellevue, en 1840. — *Paul-Joseph*, pourpre et cramoisi.—*New-Persian-yellow*, jaune éclatant.

Quatre voix :

Madame-Angelina, blanc jaunâtre, devenant carné; semis de M. Chanet, à Gentilly (Seine).—*Vicomte-de-Cussy*, rouge-cerise. — *Comtesse-de-Duchâtel*, rose très-vif; semis de M. Laffay. — *Lady-Alice-Peel*, rose carminé; semis de M. Laffay. — *Devoniensis* (thé), blanc jaunâtre, centre plus jaune. — *Adam* (thé), blanc; venu de semis à Reims, chez M. Adam, vers 1838. — *Madame-Aimée*, carné tendre. — *Solfatare* (noisette), jaune-soufre. — *Comte-de-Montalivet*, rouge violacé à reflets pourpre. — *Georges-Lecamus*, rose clair. — *Jacques-Laffitte*, rose-carmin; semis de M. Vibert, 1846. — *Marguerite-d'Anjou*, rose satiné. — *Édouard-Desfossés*, rose clair; né en 1840, chez M. Renard-

Courtin, à Orléans. — *William-Jess*, carmin-lilas.
—*Aimée-Vibert* (noisette), blanc en bouquets ; semis
de M. Vibert. — *Lamarque*, blanc, centre jaune.—
Rose-du-Roi, rouge. — *Julia-de-Fontenelle*, violet
foncé. — *Cent-feuilles*, rose. — *Cristata*, rose,
calice crêté ; née en Suisse en 1827 ; mise dans le
commerce par M. Vibert. — *Acidalie*, blanc légèrement rosé ; née en 1837 à Angers, chez M. Rousseau. — *Souchet*, pourpre-violet ; semis de M. Souchet, à Bagnolet.—*Mistress-Bosanquet*, blanc carné.
—*Triomphe-du-Luxembourg* (thé), rose cuivré ; semis de M. Hardy. — *Aubernon*, rose foncé ; né en
1840, chez M. Duval, à Montmorency. — *Prince-d'Esterhazy* (thé), rose nuancé.

Trois voix :

Menoux, rouge vif.—*Moiré* (thé), carné jaunâtre ;
né en 1840, chez M. Moiré, à Angers. — *Princesse-Adélaïde* (thé), soufre, plus foncé au centre.— *Safrano* (thé), jaune.—*Souvenir-d'un-Ami*, rose tendre.
—*Antheros* (thé), blanc, centre carné jaunâtre ; semis de M. Lepage, à Angers. — *Madame-Bréon*
(Bengale), rose ; semis de M. Verdier, 1841.—*Bougère* (thé), rose-hortensia. — *Comte-de-Paris* (hy-

bride), rose violacé, quelquefois strié. — *Pactole*, blanc, cœur très-jaune.—*Comice-de-Seine-et-Marne*, rouge violacé.—*Reine-des-Îles-Bourbon*, carné jaunâtre.— *Baronne-Prevost*, rouge-violet vif; obtenue de semis par M. Desprez, à Yèbles, en 1842.—*Henri-Lecoq*, rose vif nuancé de carmin. — *Belle-Américaine*, rouge clair. — *Cornet*, rose tendre. — *Duchesse-de-Galliera*, rose nuancé; gain de M. Portemer, à Gentilly.— *Général-Cavaignac*, rose foncé vif. — *Noëmi*, rose clair. — *Robin-Hood*, rose. — *Sidonie*, rose. — *Marquise-Boccella*, blanc rosé. — *Madame-Pepin*, rose tendre; semis de M. Verdier, 1848. — *Comte-Bobrinsky*, carmin foncé vif. — *Étendard-de-Marengo*, cramoisi vif. — *Jeanne-d'Arc*, blanc, centre rose pâle; semis de M. Verdier, 1848. — *Général-Négrier*, rose. — *Louis-Bonaparte*, rose carminé; obtenu de graine en 1840 ou 1842, par M. Laffay, et dédié à Louis Bonaparte, roi de Hollande, frère de Napoléon. — *Madame-Trudeau*, rose foncé. — *Comte-de-Rambuteau*, rouge clair violacé. — *Proserpine*, cramoisi vif; semis de M. Mondeville, près Mennecy. — *Georges-Cuvier*, cerise, bordé de rose clair; semis de M. Souchet.— *Mistress-Elliot*, rose; semis de M. Laffay. — *Docteur-Marx*, pourpre vif; semis de M. Laffay. —

Rivers, rose ; semis de M. Laffay, 1840.—*Noisette-Desprez*, jaune cuivré ; semis de M. Desprez, à Yèbles. — *Ophirie*, jaune-cuivre rouge. — *Césarine-Souchet*, rose clair ; semis de M. Souchet, 1846.— *Henry-Clay*, rose foncé lilacé.— *Clémence-Seringe*, carnée. — *Dumont-de-Courset*, nuancé cramoisi et carmin ; semis de M. Souchet. — *Mélanie-Villermoz*, blanc ombré de saumon. — *Madame-Hardy*, blanc ; semis de M. Hardy. — *Rosine-Margottin*, rose clair taché de lilas. — *Unique-panachée*, blanc marbré de rose.— *Cent-feuilles-des-peintres*, rose. —*Pompon-de-Bourgogne*, très-petit, rose.—*Génie-de-Châteaubriand*, amarante-carmin, glacé de violet ; semis de M. Oudin, à Lisieux. — *Mousseuse-ordinaire*, rose.

Deux voix :

Guillaume-le-Conquérant, rose vif ; semis de M. Ogier, 1847.—*Comte-de-Paris* (thé), rose clair. — *Prince-Charles*, cerise vif. — *Niphetos* (thé), blanc pur. — La *Victorieuse*, blanc légèrement carné. — *Docteur-Roques*, rouge violacé. — *Hermosa*, carné vif.—*Marbrée-d'Enghien* (pimprenelle), jaune pâle marbré de rouge ; semis de M. Parmen-

9

tier, acquis par M. Van Houtte. — *Narcisse-de-Salvandy* (Provins), pourpre, bordé de blanc; mis dans le commerce par M. Van Houtte. — *Célina-Dubos*, blanc carné, passant au blanc pur. — *OEillet-parfait*, rouge strié de blanc.—*Jacquinot*, rose-aurore, bordé et panaché de blanc. — *Tricolore-de-Flandre* (Provins), fond blanc strié d'amarante et de lilas (Van Houtte). — *Mercédès* (Provence), fond blanc panaché de rose-lilas ; semis de M. Vibert en 1847. — *Smithii* (thé), blanc, centre jaune. — *Mélanie-Cornu*, rouge violacé vif; semis de M. Cornu, à Versailles, en 1840.—*Prince-Eugène* (Bengale), pourpre-cramoisi. — *Soleil-d'Austerlitz*, rouge éclatant. — *Praire*, incarnat très-tendre. — *Julie-Mançais*, blanche. — *Cymédor*, couleur de girofléé. — *Madame-Frémion*, cerise vif. — *Louise-Péronay*, rose foncé ombré de carmin. — *Laure-Ramand*, rose très-tendre. — *Béranger*, rose carminé.—*Pie-IX*, rouge-cramoisi.—*Bancks-de-la-Chine*, blanc à grandes fleurs.—*Élisa-Sauvage* (thé), jaune pâle; semis de M. Miellez, à Esquiermes, en 1818.—*Reine-des-fleurs*, rose-lilas.—*Maréchal-Bugeaud* (thé), blanc ombré de couleur saumon.—*Marie-de-Beaux*, blanche, centre cuivré. — *Oscar-Leclerc*, rouge-violet; semis de M. Verdier, 1846. — *Madame-Hallez-de-*

Claparède, carmin vif. — *Madame-Nérard*, carné tendre. — *Pompon-cramoisi*, cramoisi éclatant. — *Adèle-Mauzé*, rose, feuillage singulier; semis de M. Vibert, 1847.— *Général-Changarnier*, violet-pourpre, centre ardoisé. — *Madame-Lamoricière*, rose vif transparent.— *Bouquet-de-Flore*, rouge. — *Deuil-du-duc-d'Orléans*, pourpre velouté.—*Camée*, rose pâle, plus foncé au centre. — *Caroline-de-Sansal*, carné clair. — *Comtesse-d'Egmont*, lilas foncé. — *Madame-Guillot*, rose.—*Émérance* (Provence), blanc jaunâtre. — *Mousseuse-blanche*. — *Zoé-mousseuse*, cramoisi, mousseuse partout. — *Félicité-Parmentier*, carnée. — *Prince-de-Galles*, cerise. — *Boule-de-neige* (Provence), blanche. — *Élisa-Mercœur* (thé), rouge foncé. — *Bancks-à-fleurs-jaunes*, très-petites fleurs jaunes en panicules. — *Bancks-à-fleurs-blanches*, très-petites fleurs blanches en panicules, odeur de violette.

Seul, avec M. Laffay, je me suis rappelé l'ancienne grosse rose jaune, aussi double qu'une rose à cent feuilles;

Seul, une rose de Provins panachée de blanc, de rose et de violet, qu'on appelle en Normandie *paysanne*;

Les deux églantiers à fleurs simples, le jaune et le capucine ;

L'églantier Brownii, qui donne de grandes panicules de roses simples blanches, tachées de rose à la base des pétales ;

Une multiflore ancienne, qui s'étend presque aussi vigoureusement que le rosier de Bancks et donne des fleurs aussi petites, d'un rose charmant ;

Les laurenceanas, bengales hauts de cinq à six pouces, chargés de fleurs toute l'année.

Avouerai-je que j'ai aussi les anciennes roses blanches et cuisse-de-nymphe et bengale de la Floride, qui forment de si magnifiques buissons, et l'églantier à fleurs rose pâle, que les Anglais appellent *sweet-bryer* (il est probable que j'écris mal le mot), et dont le feuillage a une très-douce odeur de pomme de reinette, avantage qu'ont du reste à divers degrés l'églantier à fleurs jaunes et l'églantier à fleurs capucines?

Oserai-je dire, en donnant une liste de cent quarante roses, que, sur à peu près trois cents rosiers que j'ai dans mon jardin, il n'y a pas plus de soixante variétés?

Je répète ici ce que j'ai dit dans mon premier article sur les roses : « J'aime mieux dix fois cent belles roses que mille roses différentes dont les deux tiers seraient médiocres. »

Trois horticulteurs m'ont fait l'honneur de donner mon nom à trois roses : un horticulteur normand dont je ne sais pas le nom; — M. Van Houtte, de Gand; — et M. Portemer, de Gentilly.—Aucune des trois n'a réussi à entrer dans la liste.

Il y a des roses dans tous les pays. La nature, en ayant voulu faire le type de la grâce et de la beauté, a répandu la rose sous tous les climats; aussi les plus mauvais jardins, les sols les plus ingrats peuvent donner des roses. La rose est presque de tous les végétaux qu'on cultive celui qui demande le moins de soins à l'homme, ou plutôt celui qui en exige le moins; car elle sait récompenser ceux qu'on prend. Si vous avez un jardin petit, maussade, mal situé, un sol maigre, il y a un certain nombre de roses qui s'épanouiront cependant chez vous, et qui vous donneront leur éclat et leur parfum.

CULTURE. — Les rosiers, en général, aiment une terre franche un peu légère; je les ai cependant vus prospérer dans des terres fortes et dans des sols pierreux. Un labour à leur pied tous les ans, une fumure tous les deux ans avec du terreau non passé, voilà tout ce qu'ils exigent. On prescrit dans beaucoup de livres de les placer à mi-ombre; néanmoins il ne faut pas les planter sous les arbres, ni trop près d'eux. On les taille au printemps. Les rosiers pimprenelles, quelques noisettes, les bancks, les multiflores ne doivent être taillés qu'après leur floraison. Les bancks doivent simplement être débarrassés du bois mort et raccourcis dans leurs branches trop vigoureuses.

Une question grave en cette saison, c'est celle des gazons et des pelouses. Le premier devoir d'un gazon, c'est d'être vert. Eh bien, si l'on ne peut les tenir inondés une heure par jour pendant les mois de juin, de juillet et d'août, vous êtes sûr d'avoir des gazons jaunes. C'est un aspect désolé qui attriste les yeux.

Cela vient en grande partie de ce qu'on sème les gazons d'après une mode. Il y a une sorte de chiendent que les Anglais appellent *ray-grass*. On a parlé de ces belles pelouses de l'Angleterre : on a attribué les belles pelouses à l'emploi du ray-grass; on n'a plus semé que du ray-grass. Eh bien, le ray-grass, qui vient très-bien en terre forte et argileuse retenant l'eau, est maigre, chétif, et meurt desséché si on le sème en terre légère et sablonneuse.

Si vous voulez avoir des pelouses vertes en terre légère, cherchez d'autres herbes. Le *poa nemoralis* croît sous les arbres, la *fétuque ovine* pousse dans le sable : mais comme ces deux plantes tapissent la terre plus lentement que le ray-grass, semez le ray-grass en même temps : il ne tardera pas à périr ; mais le poa ou la fétuque seront levés et le remplaceront. Ajoutez-y un peu de trèfle blanc, qui couvrira parfaitement la terre, et sur lequel vous pouvez marcher sans lui nuire.

XIV

A LÉON GATAYES

Des amis m'envoient ce prospectus, qu'ils ont reçu :

C. LEUCHS ET COMP.,
A Nuremberg (Bavière).

« Spécialité pour la vente des inventions et améliorations faites en Allemagne, et pour la réalisation des nouvelles inventions de l'étranger, ou pour la procuration de brevets d'invention.

» Prix fixe, à remettre d'avance en numéraire, ou en billets de banque, ou en lettres de change sur Paris, Bruxelles, Francfort, ou sur toute autre place de commerce, en joignant la promesse écrite, *de tenir secret et de ne prendre de patente sans notre consentement.*

» Garantie complète du succès et des avantages annoncés. »

« Procédé à faire le meilleur vin sans raisin, et à remplacer en même temps le sucre, qui produit la force ou l'esprit-de-vin, par une substance qui ne coûte que 25 0/0 du prix actuel du sucre. Le procédé n'exige ni appareils ni d'autres dépenses ; il peut être mis en pratique dans une cave ou dans une chambre ; il emploie des substances qui se trouvent partout, et ne sont pas nuisibles à la santé.

» Le litre de très-bon vin s'obtient au prix de 10 centimes. — Prix : 400 francs.

» Moyen pour améliorer les vins de raisin, avec peu de dépenses. Ce moyen permet de les vendre au prix double ou triple. — Prix : 200 francs. On n'a pas besoin d'employer de levure ou d'autre substance qui trouble le vin : dans les deux procédés, le vin sort clair et pur de la fermentation. »

« Recette à faire des pierres artificielles, ou à construire des bâtiments avec la sciure de bois. Ces constructions ne coûtent que 1/15 des murs en pierres de taille ; donnent des habitations fraîches en été et chaudes en hiver, très-salutaires, parce que les courants de la chaleur sont évités ; et, comme un quintal de sciure fournit l'équivalent de dix quintaux de pierres, les édifices n'ont qu'une charge relativement insignifiante à supporter. — Prix : 50 francs. »

Il y a quelque temps, un savant à fortement ébranlé le préjugé des engrais.

Quelques chimistes industriels avaient vendu fort chèrement des engrais plus ou moins artificiels, plus ou moins artificieux, plus ou moins inefficaces. — Ils y avaient gagné beaucoup d'argent. Une société se fonda alors pour vendre le sable de l'Océan, sous le nom de Société *Tanguière*.

Il y avait une faute dans l'organisation de cette société, — elle comptait trop sur les marées. — Avant de vendre le sable de la mer, elle eût dû vendre d'abord la mer elle-même ; quelque peu de chose qu'on l'eût vendue au litre, on en aurait tiré beaucoup d'argent ; — puis cette première opération aurait singulièrement facilité la seconde, en mettant le sable à découvert.

Un article que je publiai alors dans *le Siècle* : *Étude sur les engrais en général et sur la tangue en particulier*, — passa pour n'avoir pas été étranger à la dissolution de cette société. Quelque inefficaces que fussent les engrais, quelque inerte et sans valeur que fût la matière dont on les composait, — cela coûtait encore quelque chose, — et ne permettait pas de gagner plus de 1,500 pour 100 dans cette industrie. — Or, comme ces industries-là n'ont qu'une courte durée, comme, d'ailleurs, il n'est plus d'usage de séduire la Fortune à force de petits soins, de beaux soupirs et de persévérantes et respectueuses ardeurs, — mais bien de la violer, — ce moyen demande à être perfectionné.

Un autre savant, alors, vendit l'art de se passer d'engrais.

MM. Leuchs et Cie comblent aujourd'hui une remarquable lacune : ils attaquent le préjugé de la terre, et vendent l'art de s'en passer.

Jusqu'ici, la culture de la vigne était soumise à de grandes difficultés. Il fallait planter la vigne sur des coteaux, et, sur certains coteaux, il fallait tailler, fumer, vendanger, etc.—Tout cela prenait beaucoup de temps, et exigeait beaucoup d'argent.

Si vous vouliez vendre du vin, on vous disait grossièrement : « Plantez des vignes. » Autant dire à un homme qui veut se moucher : « Attendez un moment, je vais semer du chanvre pour faire de la toile.—Monsieur, avait envie de répondre le spéculateur, me prenez-vous pour vigneron, pour paysan ? Je suis homme qui veut faire sa fortune, voilà tout. »

Si la terre est un préjugé, la vigne est une routine; en effet, ne serait-il pas honteux que l'esprit humain en fût encore à faire le vin comme on le faisait du temps de Noé, c'est-à-dire servilement avec du raisin, — et quel raisin ! du raisin produit par des vignes ; — et par quelles vignes ! des vignes plantées routinièrement dans la terre ; — et quelle terre ! — de la terre qui s'éparpille aux quatre points du globe, des vignes qui toutes sans exception sont à la campagne, c'est-à-dire hors du mur d'octroi, c'est-à-dire ayant des produits soumis aux droits du fisc ; des vignes souvent malades qu'il faut soigner sans cesse, — et qui rappellent la femme... je ne veux pas dire de qui... tandis que la culture en chambre, remplaçant la culture en coteaux, supprime et la maladie de la vigne, puisqu'elle n'exige pas de vignes, — et les droits d'entrée, puisque le vin n'entre pas ; — la production du vin devient alors à la portée de tout le monde.

Vous louez à bon marché un vignoble de garçon, au troisième ou quatrième étage, — et, là, vous faites du très-bon vin au prix de 10 centimes. Si vous faites le commerce en grand, — vous prenez un appartement plus vaste ; cet appartement, déjà divisé en chambres, vous le divisez en crus. — Sur la porte de la cuisine, vous écrivez : « Château-margaux ; » — sur celle de la salle à manger : « Muscat de Lunel ou de Frontignan ; » — sur la porte de la chambre à coucher : « Champagne ou saint-péray, ou chablis mousseux ; » — sur le salon : « Madère, malaga, marsala ; » — sur la porte de la bibliothèque : « Tokay, lacrima-christi, » etc., etc. ; vous avez ainsi tous vos crus au même étage et sous la même clef.

Arrière, bien loin arrière, — celui qui vendait le moyen de se faire 3,000 livres de rente avec des lapins ! — D'abord, qui est-ce qui peut vivre aujourd'hui avec 3,000 livres de rente?— 3,000 francs, c'est pour les cigares ; — mais, grâce à ce prospectus de MM. Leuchs et Cie, il est facile de vivre largement avec un petit capital.

Vous avez 800 francs, — il s'agit de vous faire 40,000 francs de rente en attendant, pour voir venir, pour bouloter, enfin.

Vous achetez :

1° Le secret pour faire le meilleur vin sans raisin. . . . . 400 fr.

Le procédé pour faire une maison de pierre avec la sciure de bois. . . . . 50 »

Sciure de bois pour faire la maison qui renferme vos crus. . . . . 100 »

Pour cent cinquante bouteilles, des étiquettes de différents crus, des bouchons, etc . . 100 »

Est-ce tout?

Ah ! les matières premières pour faire le vin. — J'oubliais : vous faites d'abord cent cinquante bouteilles, dix de tokay, — dix de champagne, — dix de château-laffitte, — dix de madère, — dix de saint-péray mousseux. — dix de xérès, — dix de chablis, — etc. Cent bouteilles à dix centimes chacune, — 1,500 centimes, c'est-à-dire. . . . . . 15 »

665 fr.

Il vous reste 135 francs pour faire des annonces.

Vous vendez vos cent cinquante bouteilles à dix francs (le meilleur vin), c'est 1,500 fr.; — vous recommencez toutes les semaines; — bénéfice : à peu près 700 francs la première semaine. Mais, sur les suivantes, vous n'avez plus de maison à faire, plus de secret à acheter, plus d'annonces à payer; car vous avez vendu « le meilleur vin, » on reviendra à vous. Vous n'aurez plus que cent cinquante bouteilles, — cent cinquante étiquettes, — et cent cinquante fois dix centimes pour vos divers crus. — Si la vigne est malade, vous n'en souffrez pas, et vous élevez vos prix comme les autres.

Mais qu'est-ce que cette substance, à si bon marché, qui remplace le sucre? Je crois l'avoir deviné : c'est celle qui remplace la pierre de taille, — c'est la sciure de bois.

Cela n'est pas sans précédents, et sans exemple. J'ai raconté autrefois l'histoire d'un épicier parisien qui avait un caveau trop petit; — il l'agrandit à coups de pioche ; — on porta la terre au grand jour. — Divin Mercure! c'était du sable précisément de la couleur de la cassonade.

Notre épicier le vendit comme cassonade ; ça n'était pas bien sucré, mais c'était meilleur marché que celle des autres; son caveau, débité à 10 sous la livre, devint une cave. — Tout se découvrit, parce que, entraîné par l'amour de la sophistication, il se mit à vendre de la fausse terre de caveau, et à la vendre à faux poids; — les clients se fâchèrent.

> Noire, elle est du café ; mais, blonde, elle est du sucre.
> La terre — *alma mater!* — est source de tout lucre.

A tout cela je ne vois que de minces inconvénients, à la condition qu'on mettra sur les fioles et les bouteilles : *Vin sans raisin*, et que ces fioles et ces bouteilles, comme tous les vases destinés à contenir des liquides pour la vente, — auront précisément la mesure du litre, ou d'une fraction de litre, indiquée dans le verre ou tout autre matière dont elles seraient formées.

Maintenant, il ne faut pas oublier que Nuremberg, d'où MM. Leuchs et Cie datent leurs annonces, est le pays où l'on fait les joujoux,—la patrie des poupées, des polichinelles, des pantins, des soldats de plomb, etc. ; que ce doit être un pays gai, et que le prospectus de MM. Leuchs et Cie pourrait être une mystification.

XV

AU DOCTEUR MARCHESSAUX

Je connais un petit vieillard toujours proprement vêtu avec un habit noir, des manchettes bien blanches et un jabot parfaitement plissé. Jamais je ne l'ai entendu se plaindre, jamais je ne l'ai surpris à désirer quelque chose.

Il n'est, à mes yeux, qu'une chose au monde plus respectable que l'infortune : c'est le bonheur; à cause de sa rareté et surtout de sa fragilité.

Je ne crois pas avoir jamais touché étourdiment au bonheur d'autrui, quelque petit qu'il soit, quelque étrange qu'il puisse me paraître. Il m'arrive parfois de ne pas le comprendre, ou même de penser que si je m'avisais de l'essayer, il ne me siérait pas ; mais ce ne m'a jamais été une raison de le traiter légèrement ni avec dédain. C'est si souvent une brillante bulle de savon, que, en présence d'un bonheur quelconque, je retiens mon haleine respectueusement.

J'aimais beaucoup rencontrer mon petit vieillard, parce qu'il semblait parfaitement heureux ; mais je ne m'étais jamais avisé de lui faire une question, lorsqu'un jour je trouvai sur sa figure le premier nuage que j'y eusse vu depuis que le hasard nous avait fait nous rencontrer.

Je fus plus curieux cette fois, et je voulus savoir quelle épine s'était trouvée parmi les roses de sa vie. Il me parut qu'il n'attendait qu'une occasion pour parler de ce qui le préoccupait tristement, et il me dit :

« Je viens de chez un ancien ami, et j'ai vu des choses qui m'ont fait de la peine.

— Est-il malade ? demandai-je.

— Nullement, me répondit-il.

— A-t-il alors perdu un procès ou quelque grosse somme d'argent ?

— Moins encore : il a fait un héritage ; et cet héritage l'a jeté dans la plus profonde misère.

C'est l'aspect de cette misère qui m'a navré le cœur. »

Une fois entré en matière, il me conta toute l'histoire. — La voici :

« Il y a longtemps que je le connaissais, dit-il ; je l'avais remarqué souvent à la Petite-Provence des Tuileries. A force de nous voir, nous avions fini par nous saluer. Un jour, je lui avais demandé l'heure, parce que ma montre s'était arrêtée ; le lendemain, pour reconnaître la politesse avec laquelle il m'avait répondu, je lui avais offert une prise de tabac. A quelque temps de là, nous avions fini par causer ; et enfin, nous avons *déballé en grand*.

« Depuis, nous nous sommes promenés ensemble pendant dix ans. Nos existences se ressemblaient trop pour ne pas végéter admirablement sur le même sol et dans la même atmosphère. Il était veuf et moi j'étais garçon. J'ai onze cent et quelques francs de rente, lui en avait alors douze cents ; mais comme il demeurait auprès des Tuileries, où les loyers sont chers, cette dépense absorbait le surplus de son revenu et faisait nos fortunes égales.

« Vous n'avez jamais rencontré deux hommes aussi riches et aussi heureux que nous. Quand il faisait beau, il me recevait aux Tuileries. Les Tuileries étaient son jardin. Jamais propriété ne fut plus complète et plus exempte de soucis.

« Qu'est-ce qu'avoir un jardin, si les Tuileries n'étaient pas à mon ami ?

« Il trouvait chaque matin ses allées bien ratissées, et même arrosées si la chaleur formait de la poussière. Il se promenait sous l'ombre épaisse des marronniers, ou s'y asseyait sur un marbre blanc.

« De nombreux jardiniers tenaient en bon état d'immenses corbeilles de fleurs, et remplaçaient sans cesse celles qui étaient fanées et avaient livré leurs graines au vent, quand leur saison d'éclat et de parfum était passée, par les fleurs auxquelles appartient la saison suivante. Il respirait le parfum printanier des lilas et le parfum vague et mystérieux des tilleuls. — Il avait fini par faire connaissance avec les jardiniers, et il n'était pas sans quelque influence sur la culture des parterres.

« Pour moi, j'avais le Luxembourg. Notre situation était la même dans les deux jardins. Je lui ai plusieurs fois donné des graines des fleurs qu'il aimait *chez moi*, en échange de celles qui m'avaient plu *chez lui*. Le jardinier qui m'en avait donné pour lui acceptait volontiers celles que je recevais de mon ami.

« Au Luxembourg, les cygnes du bassin me connaissaient.

« Je mets moins d'importance à la familiarité qu'avait obtenue mon ami de la part des cygnes des Tuileries, parce que leur affection est plus banale, et qu'on peut sans injustice leur reprocher de distinguer tout le monde.

« Je le répète, nos jardins étaient bien à nous. La seule différence qu'on pût trouver entre nous et les gens qui passent pour posséder des jardins et en être plus réellement propriétaires, c'est que nous avions chacun un des plus beaux et des plus riches jardins de l'Europe, et que nous n'avions à payer ni jardiniers, ni embellissements, ni réparations.

« — Mon ami, me disait-il en me quittant le soir après une promenade chez moi, — *vos crocus* sont beaux et variés; mais je vous invite à venir voir *mes pêchers* à fleurs doubles, et dans quinze jours *mes lilas*. — Vous me trouverez au pied de *ma statue* de l'*Enlèvement d'Orithyie.* »

« Une autre fois, c'était moi qui l'invitais à venir se promener sur *ma terrasse* du Luxembourg, où il y a de si beaux sorbiers et de si vieilles aubépines à fleurs roses.

« Quelquefois même nous avions des discussions.

Il était, je dois l'avouer, un peu trop fier des belles dames en équipage qui venaient se promener dans son jardin ; il s'avisa même un jour de se targuer de ce qu'il voyait de temps en temps le roi au balcon du château. Je lui prouvai, clair comme le jour, que *mes cultures* étaient plus soignées ; — que *ses parterres* étaient remplis de plantes vulgaires. Je citais, pour preuve de la supériorité de mon jardin, la collection de roses de Hardy, qui est sans contredit la plus riche de l'Europe. Il est vrai qu'il avait chez lui, aux Tuileries, plus de statues et des bronzes plus précieux ; mais je fais plus de cas, dans un jardin, des arbres et des fleurs, que du bronze et du marbre.

« Quand il pleuvait, nous allions voir *son* musée des antiques sur la place du Louvre, ou, au moment de l'exposition, les galeries où les peintres modernes soumettaient à son jugement les produits de leurs travaux.

« Quelquefois, c'était moi qui l'invitais à venir visiter *mes* galeries du Luxembourg, et ce fut parfois encore l'origine de quelques petits dissentiments sur la valeur respective de *nos* musées, ou seulement parce qu'il réglait sa montre sur son cadran de *son* château des Tuileries, qu'il prétendait infaillible, tandis que je voulais souvent la rectifier d'après *mon* cadran solaire de *mon* palais du Luxembourg.

« Mais il était rare que ces discussions tournassent à l'aigreur. D'ailleurs, si nos petites manies de propriétaires nous jetaient l'un et l'autre dans l'exaspération, nous avions beaucoup de propriétés communes et indivises, à propos desquelles nous n'étions exposés à aucun dissentiment de cette nature, —*notre* ménagerie, *notre* muséum et *nos* serres du jardin des Plantes, par exemple.

« Je ne vous entretiendrai pas de nos liaisons avec quelques-uns des animaux que renfermait *notre* ménagerie, de l'intérêt que nous portions à la santé chancelante de la girafe ou à la grossesse d'une ourse noire.

« Nous applaudîmes de grand cœur lorsqu'on *nous* construisit le fameux palais des singes, et cela ne fut pas sans quelque influence sur notre manière de voir à l'endroit du ministre qui présidait alors le conseil.

« Quand on fit tant de bruit du *paulownia imperialis*, qui, semblable aux enfants trop spirituels, finit en grandissant par n'être qu'un *catalpa*, nous le connaissions depuis longtemps et nous l'avions vu fleurir dans *notre* jardin des Plantes, lorsque personne en Europe ne savait encore son existence. On nous pardonnera d'avoir été un peu trop fiers de notre *paulownia*, qui, après tout, est un arbre d'une admirable végétation tant qu'il est jeune, et conserve pour sa décrépitude l'honneur d'être encore semblable à l'un de nos plus beaux arbres de pleine terre.

« Nous vivions ainsi depuis dix ans, lorsqu'un jour mon ami ne vint pas à un rendez-vous que je lui avais assigné dans *mon* allée de l'Observatoire. C'était la première fois qu'un de nous deux manquait à un rendez-vous, si ce n'est que, cinq ans auparavant, je le laissai m'attendre à *sa* Petite-Provence, parce que je m'étais quasiment donné une entorse dans mon escalier. Je ne pus attribuer son absence qu'à un accident de ce genre, ou peut-être pis encore, et je me *rendis* chez lui. Je le trouvai en bonne santé, mais singulièrement ému. Il avait reçu le matin une lettre qui lui apprenait qu'un sien cousin venait de mourir à deux lieues de Paris, en lui laissant un peu plus de trois mille livres de rente.

« Il m'embrassa avec effusion, et m'assura que la fortune n'aurait pas le pouvoir de le changer à l'égard de ses amis; que je le trouverais toujours le même, etc.

« Toujours est-il, cependant, qu'il lui fallut partir pour se faire mettre en possession. — Il y a de cela quatre mois, et je n'avais plus eu de ses nouvelles. Déjà je ne pensais plus à lui qu'avec une sorte d'amertume, — et la loueuse de journaux des Tuileries m'ayant demandé de ses nouvelles, j'avais répondu avec aigreur : « Je ne sais...; il a fait fortune : je ne le vois plus, » lorsque, avant-hier, j'ai reçu une lettre de lui.

« Cette lettre, la voici :

« Mon cher et ancien ami,

« J'aime à croire que vous n'avez attribué mon
« silence ni à l'indifférence ni à l'oubli, — moins en-
« core à l'accroissement de ma fortune. Beaucoup
« de soins divers ont occupé tous mes loisirs depuis
« notre dernière entrevue.

« D'abord, j'ai décidé que je me fixerais ici, dans
« *ma* maison. J'ai dû y faire faire quelques répara-
« tions et quelques changements.

« De même que je ne pense pas que vous ayez
« conçu une mauvaise opinion de moi,—je me plais
« à vous penser toujours tel que je vous ai connu.
« S'il serait sot de ma part de vous méconnaître
« parce que je suis devenu riche, il ne serait guère
« mieux de la vôtre de me négliger à l'avenir pour
« cette même raison ; ce serait gâter mon bonheur,
« et vous ne le voudrez pas.

« Je vous attends donc demain à déjeuner chez
« moi.

« Votre ami. »

« C'est un vilain animal que l'homme. — Je me sentis un peu envieux, et je cherchai dans la lettre de mon vieil ami quelque phrase malsonnante, — quelque signe de vanité qui me permît de me fâcher. — Je ne trouvai rien, et je me suis mis en route ce matin.

« Mon ami demeure dans un petit bourg sale et mal bâti. Sa maison, que l'on ne tarda pas à m'enseigner, est petite, blanche, avec des volets verts.

On y entre par une porte étroite, qui fut loin de me faire l'impression que me causait la grille de son ancien jardin des Tuileries. — J'eus, dès l'abord, le pressentiment que mon ami s'était ruiné en croyant faire fortune.

« Il me reçut on ne peut mieux ; — mais tout ce que je vis, joint à sa bonne réception, ne tarda pas à changer en un sentiment de pitié l'envie avec laquelle je m'étais mis en route.

« Je n'oublierai jamais la fierté avec laquelle il me fit faire le tour d'un jardin qui tiendrait à l'aise dans un de ses carrés de fleurs des Tuileries. Quelques baguettes par-ci par-là, quelques manches à balai qu'il appelle des arbres, auraient bien besoin d'un peu d'ombre, loin d'en avoir à donner.—Au milieu du jardin, un grand tonneau enfoui en terre s'appelle le *bassin*. Il était à moitié rempli d'une eau verte et croupie, parce qu'on n'en apporte que tous les deux jours, et le tonneau fuit un peu.

« Jamais vous n'imagineriez quelle joie il ressent d'avoir changé contre cette futaille les grands bassins de marbre des Tuileries ; sans compter que ladite futaille lui donne toutes sortes de soucis quand le soleil la dessèche et en disjoint les cercles, tandis que l'on curait ou réparait autrefois ses bassins de marbre blanc, sans qu'il eût à s'en préoccuper le moins du monde.

« Quelle secrète joie y a-t-il donc dans la *propriété*?

« Pour mon ami, *avoir* ce jardin avec ses manches à balai, c'est ne plus avoir les grands marronniers des Tuileries. ***Posséder*** ce carré entouré de murs blancs jusqu'à aveugler, c'est être exilé de tout le reste de la terre, de tous les beaux pays, de tous les beaux paysages.

« Dans la maison, il m'a montré deux ou trois mauvaises croûtes dont il a décoré son salon. — Il lui fallait hériter et devenir riche pour être condamné à ne plus voir que ces affreux badigeonnages. Quand il était pauvre, il regardait les plus belles peintures de tous les pays et de tous les maîtres, entassées dans nos musées.

« Je suis revenu triste, et j'ai voulu revoir son ancien jardin, celui qu'il est heureux d'avoir quitté. — Il m'a pris de suite une grande frayeur, c'est de devenir riche aussi par hasard, à mon tour ; — c'est de devenir propriétaire ; c'est de perdre mon beau jardin du Luxembourg ; — c'est d'être forcé de vivre dans quelque carré entouré de murs, — et qui pis est, d'en être heureux, d'en être fier.

« J'ai passé en revue tous mes parents, et surtout ceux qui sont riches, et, entre ceux-là, ceux dont je dois hériter.

« Il n'y en a qu'un qui m'inquiète : — il est parti pour l'Amérique il y a vingt ans, et, depuis, on n'en a plus entendu parler. Si j'entendais sonner chez moi, je frémirais d'apprendre qu'il est mort millionnaire et que je suis son héritier.

« J'ai vu une lettre que nous reçûmes deux mois après son départ, il y a vingt ans bientôt. Cette lettre nous disait « que plusieurs navires avaient péri,
« corps et biens, dans un coup de vent. — Le na-
« vire qui portait mon oncle était du nombre ; mais
« comme on n'a pas revu la chaloupe, on pensait
« qu'une partie de l'équipage avait au moins tenté
« de se sauver. »

« Pourvu que mon oncle ne se soit pas sauvé ! »

XVI

A ALPHONSE TOUSSENEL

J'ai beaucoup entendu vanter les jardins des Anglais de ce qu'ils n'ont point de murailles, ce qui permet à la fois à la vue du propriétaire de s'étendre fort loin au dehors, et à la vue du passant de plonger avec admiration au dedans. Je vois autour de moi des gens qui ferment leur jardin par une grille au lieu de porte, et d'autres qui, le dimanche, jour où la ville en promenade s'épanche et envahit notre hameau, laissent leur porte ouverte pour offrir aux promeneurs l'aspect de leurs fleurs. Il y a beaucoup d'hommes qui ne sentent le bonheur de la possession que par la privation que les autres en éprouvent, et qui trouvent fades toutes les joies que ne viennent pas assaisonner l'humiliation et l'envie d'autrui. Ce sont ces hommes qui n'aiment que les femmes célèbres et très en vue, et qui, lorsqu'ils ont une femme à eux, ont besoin de la faire voir décolletée et ornée dans les assemblées. Ces hommes ne veulent pas être heureux, ils veulent être vus heureux.

Outre qu'il est plus prudent de cacher le bonheur dans l'asile le plus profond de son cœur, il me semble que les regards de convoitise laissent sur une femme aimée des traces semblables à la route visqueuse que font les limaces sur une fleur.

Pour ce qui est de mon jardin, j'aime assez y voir avec moi les gens que j'aime et qui me plaisent; mais je n'aime pas y voir tout le monde, et les quelques personnes qui y pénètrent malgré moi me sont particulièrement odieuses, et finiront quelque jour par me mettre en fuite.

Aussi n'ai-je rien négligé pour que les regards ne puissent pas s'y introduire du dehors. — Pour ce qui est de voir moi-même chez les voisins et dans la campagne, c'est-à-dire d'avoir de la vue, je n'y tiens pas davantage, et j'ai même planté un rideau de hauts peupliers, qui s'étend du côté où je pourrais apercevoir la mer.

La mer d'ailleurs, à moins qu'on ne se blase et ne s'abrutisse à son égard, comme la plupart des marins, qui ne la voient plus, est un spectacle que l'homme n'est pas de force à contempler sans cesse. On n'y peut travailler, on n'y pense pas, on n'y rêve pas; on s'y exhale, comme ferait un morceau de camphre qui se dissipe dans l'air et disparaît entièrement. Il faut s'en reposer dans de courts horizons. C'est une singulière et fréquente manie de vouloir toujours viser des bonheurs lointains, au risque de les manquer, au lieu de ramasser ceux qui s'épanouissent sous les pieds, et de porter toujours les yeux où on n'est pas. J'ai entendu un homme me vanter ainsi une propriété dont il était très-fier et très-heureux, à condition que les autres avaient l'air de l'envier et d'être très-malheureux de ne pas la posséder. « De chez moi, me dit-il, je vois les bois de M. *** au nord; au sud-est je vois la grande route, il ne passe pas une voiture que je ne l'aperçoive; à l'ouest, le village de ***, etc. En un quart d'heure je suis à tel endroit; il ne me faut pas plus d'une demi-heure pour être à tel autre; et, avec un bon cheval, j'ai souvent franchi en trois heures la distance qui me sépare de la ville de ***. » Voyez comment cet homme jouissait de son jardin.

Voici les plus grands charmes que je trouve dans un jardin, c'est de me dire : « Je suis enfermé, moi et mon imagination, mon corps et mon esprit, dans un endroit plein de fleurs, c'est-à-dire de riches couleurs et de suaves parfums, et de chants d'oiseaux (ravissante harmonie, que rien ne peut troubler), où il ne viendra personne, où il viendra un ami ; mais les ennuyeux, mais les méchants, mais les ennemis n'y peuvent entrer, pas plus que mon esprit n'en peut sortir pour aller les visiter. Je les tiens enfermés au dehors, comme je me tiens enfermé au dedans ; je me fais une part de la terre, du ciel, de l'herbe, des arbres et des fleurs ; mais cette part est à moi. » Pour cela, il ne faut pas qu'un jardin soit trop grand ; il faut qu'on s'y sente renfermé. On peut ne pas voir les murs, mais il ne faut pas les oublier. Il semble que la nature et la Providence aient destiné l'homme à s'entourer de murailles, en créant tant de belles plantes, qui les cachent et les ornent merveilleusement, et qui nulle part ne sont aussi luxuriantes, aussi belles, aussi heureuses qu'appuyées et étendues sur un mur.

Au nord, le lierre d'un vert sombre couvrira entièrement les murs, et donnera, l'hiver, un asile et de la nourriture aux oiseaux du printemps ; il offrira un abri pour cacher les premiers nids. Sur une muraille qui reçoit seulement un peu de soleil, la *vigne vierge*, que les savants appelaient, il y a trois ans, *vitis hederacea*; il y a deux ans, *hedera quinquefolia*; l'année dernière, *ampelopsis*, et, cette année, *cissus*, la vigne vierge étendra ses pampres richement découpés d'un beau vert pendant l'été, et des plus riches et des plus variées nuances de la pourpre pendant l'automne.

Si je vous dis de planter la vigne contre un mur qui ne reçoive qu'un peu de soleil, c'est-à-dire au levant, ce n'est pas qu'elle ne végète bien au nord ; mais elle n'y rougit pas à l'automne. Ce n'est pas qu'elle ne s'accommode au moins aussi bien d'un mur au midi, et au contraire; mais cette exposition ne lui est pas indispensable, et l'est à d'autres plantes que je vais citer.

La glycine de la Chine, appelée, cette année, *wisteria*, — pour moi, elle a tant réjoui mes yeux par son beau feuillage et ses riches grappes bleues; elle a tant enivré mon cerveau par ses suaves parfums sous son ancien nom de glycine, que je prends la liberté de lui conserver ce nom, beaucoup plus joli du reste et beaucoup plus euphonique que le nouveau ; — la glycine veut l'exposition du midi : là, elle fleurit deux fois ; la première, en avril et en mai ; la seconde, en août.

Le jasmin de Virginie, *bignonia radicans*, devenu, je ne sais pourquoi, cette année, le *tecoma*, veut également être palissadé. C'est là qu'il jette et étale ses branches terminées par des panicules de fleurs rouges. La variété nouvelle dite à grandes fleurs, dont les fleurs sont en réalité plus grosses que belles, donne plus de boutons et moins de fleurs. Un petit froid, un grand vent, font tomber les boutons. D'ailleurs les fleurs s'épanouissent une à une ; tandis que l'ancienne variété présente, dès le commencement de la floraison, une ombelle composée de trois ou quatre fleurs ouvertes, avec un paquet de boutons à leur centre. A mesure qu'une fleur tombe, elle est remplacée par un bouton qui s'épanouit. Il faut avoir les deux, le grandiflora ne remplaçant pas l'ancien radicans.

Le *bignonia capreolatu* a gardé son nom. Ses fleurs ne sont plus disposées en ombelle ou en épi larges comme celles du bignonia radicans et du bignonia grandiflora ; elles s'épanouissent en longues guirlandes dans les mois de mai et juin.

Les deux rosiers Bancks, le blanc et le jaune, qui fleurissent en mai, et le multiflore, qui se couvre en juin d'énormes bouquets de petites fleurs roses, n'ont pas besoin de description. Deux ou trois variétés de passiflores fleurissent en guirlandes depuis la fin de l'été jusqu'à l'hiver. — La clématite odorante et la clématite de Siebold s'épanouissent, l'une l'été, l'autre au printemps; celle-ci est large comme une pièce de six francs; au centre de grands pétales, d'abord verdâtres, puis blancs, se pressent des pétales linéaires, étroits et serrés, les uns violets, les autres verts. Si on vous dit dans les livres qu'elle a peur du soleil, n'en croyez rien; elle est ici, depuis dix ans, en plein air, ce qui résout les doutes sur sa rusticité. Quelques autres clématites peuvent aussi couvrir vos murs, si vous avez de la place; mais, la plupart, comme l'odorante, se contentant d'un tronc d'arbre pour y attacher leurs vrilles, il vaut mieux conserver les places sur les murs pour les plantes qui ne peuvent pas s'en passer.

Les *maurandiœ* sont de charmantes plantes grimpantes; elles forment de longues guirlandes dont les tiges, d'une extrême ténuité, se chargent de feuilles délicatement découpées en fer de lance, et de fleurs en forme de muflier, de diverses couleurs, selon les variétés. La plus belle est celle de Barclay, dont les fleurs sont d'un riche violet-bleu. Je vous recommande également les *maurandiœ* à fleurs blanches. Les variétés roses sont d'une nuance indécise et tirant sur la couleur lie-de-vin.

Diverses variétés de capucines et de volubilis et ipomées ou liserons formeront encore une riche parure. Les volubilis se ferment presque aussitôt que le soleil les a touchés ; aussi est-il préférable de les semer au couchant, où ils auront une partie de la journée à conserver leur charmante illumination de fleurs éclatantes et variées. — Les livres partagent les liserons et volubilis en *pharbitis* et en *batatas*. Les batatas sont de serre chaude. Le liseron de Michaux est d'un bleu clair pur ; celui de Lear est d'un bleu foncé ; d'autres sont blancs, roses, violets et panachés de diverses couleurs. Ils se resèment d'eux-mêmes si l'on ne remue la terre à leur pied que l'hiver ; les graines renfermées dans des capsules restent appendues aux tiges desséchées, et les capsules ne s'ouvrent pour les laisser tomber que lorsque la saison est favorable, c'est-à-dire à moitié d'avril.

L'*ipomée de Lear* a une racine vivace, qu'il faut rentrer l'hiver et remettre en terre à la fin d'avril.

LES FLEURS.

J'ai toujours beaucoup aimé les liserons, et, malgré mon respect pour les livres, je ne me décide pas à les traiter de pharbitis mâles et de batatas. Il y en avait dans un jardin où je passai mon enfance et les premières années de ma jeunesse, nid de fleurs où je vis éclore les premières fleurs de mon âme : les unes et les autres sont restées sacrées pour moi.

Cette plante qui grimpe et se pend aux murailles,
Et, comme un réseau vert, entrelace ses mailles
De feuilles et de fleurs, — c'est le frais liseron,
C'est le volubilis aux clochettes sans nombre.
Le matin, dès le jour, ses cloches, d'un bleu sombre,
    Chantent une chanson ;

Une chanson d'amour, bien naïve et bien tendre,
Que je fis certain jour que j'étais à l'attendre
Sous un arbre. . . . .

L'*eccremocarpus scaber* a été trop vanté ; cependant ses fleurs tubuleuses, jaune et orange, sont certes agréables ; mais il ne peut passer l'hiver dehors.

Le houblon, la *bryone femelle*, les pieds mâles, n'ont pas les belles graines d'un rouge mat. — Le *tamus femelle*, qui se charge de gros paquets de grains de corail, n'exige pas l'appui des murailles, et grimpe sur les arbres.

Il en est de même de l'*aristoloche*, dont la variété *siphon* est la seule qui soit très-belle, et qui jette ces guirlandes de grandes feuilles rondes d'un arbre à l'autre.

Le *jasmin commun*, à fleurs blanches, et le *jasmin triomphant*, à fleurs jaunes, plus grandes et presque aussi odorantes que celles du jasmin jonquille, mais n'ayant pas besoin, comme celui-ci, d'être rentré pendant l'hiver, sont deux des plus charmantes parures des murailles.

Certains arbres, tels que les rosiers Bancks et microphylles, et les glycines, se dégarnissent du pied. Plantez devant eux les *thunbergia alata*, trois variétés, l'une nankin, l'autre orange, la troisième orange ; ces trois variétés ont le cœur d'un violet noir. On en a inventé trois autres qui sont unicolores et beaucoup moins belles, n'ayant fait que supprimer ce cœur violet.

Les capucines à fleurs doubles, les pétunies, la douce-amère à fruits rouges et à feuilles panachées, ainsi que le calystegia pubescens, sorte de liseron à fleurs roses doubles, qui ne s'élèvent pas très-haut, garniront les tiges dénudées dont je viens de vous parler.

Quelques mots encore. C'est sans doute dans quelque jardin parisien, sans soleil et sans air, qu'on a imaginé pour la première fois de garnir les murailles de treillages verts, pour avoir quelque chose de vert. Les chaises et les bancs ont été peints de la même couleur, sans doute pour la même raison. Il faut avoir la vue complétement fausse pour s'accommoder de voir ce mélange dur et antiharmonieux du vert minéral et criard de la peinture avec les verts de la végétation. C'est une charmante chose qu'une maison avec des volets verts à la ville; mais, contrairement à l'avis de J. J. Rousseau, je n'en voudrais pas à la campagne. Ces verdures à l'huile me déplaisent presque autant qu'une tentative du même genre que j'ai rencontrée dans un jardin à Paris : on avait peint des paysages et des lointains sur les murailles; le mélange de la peinture et de la nature, des choses et de leurs portraits, tout ce qu'il y a au monde de plus incohérent.

Voici comme j'entends un mur de jardin :

Au lieu d'un mur de pierre et de plâtre lisse, uni

d'un blanc violet et criard, qui vous empêche de bâtir votre mur de pierres meulières, de pierres de roche d'un ton roux, et de formes irrégulières et pleines d'anfractuosités? Qu'il soit aussi plat et aussi uni que vous le voudrez du côté du voisin, ou que le voudra le voisin, si le mur surtout est mitoyen; mais, de votre côté, qui vous empêche d'y tenter, d'y former même des aspérités, des irrégularités, qui donneront à votre jardin l'air d'être fermé par un rocher? Est-il tout à fait indispensable que le sommet du mur soit une ligne inexorablement droite? Je ne le crois pas. Seulement les pierres irrégulières qui en formeront la crête doivent être réunies par du ciment et de la chaux hydraulique, pour résister à l'action des pluies, qui glissent sur une crête aiguë et lisse. De place en place, sur cette crête, ménagez quelques enfoncements de la dimension, les uns d'un grand, les autres d'un petit pot de jardinage; ces sortes de vases, remplis de terre, seront percés d'un petit trou pour l'écoulement de l'eau. Ils seront occupés par des plantes telles que *l'alysse saxatile* ou *corbeille-d'or*, — les *giroflées* de muraille, — les *gueules-de-loup*, — les *arénaires*, — quelques petits *géraniums* sauvages, — quelques *ris*, — la *linaire*, — plusieurs *saxifrages*, — plusieurs *joubarbes*, — quelques *fougères*, *capillaires*, *scolopendres*, *osmondes*, etc., — quelques *valérianes*, qui y resteront toute l'année sans culture. En outre, on peut retirer, l'hiver, et replacer au printemps des *géraniums rouges*, des *agaves* et des *aloès*, qui seront d'un grand effet. — Cette muraille, revêtue jusqu'à la crête d'un treillage peint en couleur de bois un peu sombre, sur lequel courront et s'enlaceront les plantes dont j'ai parlé plus haut, chacune à l'exposition qui lui convient, deviendra nécessairement un des aspects les plus agréables du jardin.

. . . .

. . . .

Il faut que je parle d'un savant abbé contre lequel je suis fort en colère. Les personnes qui me connaissent savent avec quelle assiduité je m'occupe des productions et des phénomènes de la nature, quels charmes, quelles consolations je leur dois. Je ne veux pas dire à M. l'abbé Moigno quelle route et combien de kilomètres un article de lui m'a fait parcourir : je lui suppose de la sensibilité, malgré ses torts, et je ne veux pas mettre cette sensibilité à une trop rude épreuve. Les journaux ont parlé, depuis quelque temps, entre autres imaginations, d'un homme qui, par la puissance de son regard, faisait mûrir les raisins. M. l'abbé a découvert un rival de ce rival du soleil, et il a, dans un journal, préconisé la merveilleuse invention d'un homme que je ne le soupçonnais pas d'avoir inventé.

« On a trouvé, dit M. l'abbé, un procédé pour faire fleurir en un quart d'heure une plante ou un arbuste qui, avant l'opération, ne présente aucun bouton. — Je viens de voir ce miracle, ajoute M. l'abbé, et je puis le certifier. »

J'ai lu souvent avec intérêt des articles de M. l'abbé Moigno. — Je me mets donc en route ; — j'arrive à l'adresse indiquée, et j'assiste, moi deux centième, — je ne suis pas le seul lecteur de M. l'abbé, — à l'expérience annoncée.

J'éprouve ici un moment d'embarras. — Je ne voudrais pas précisément nuire à une industrie utile, sans doute, à son auteur. Si l'expérience eût été annoncée comme un tour bien fait, et que j'eusse découvert, comme je *crois* l'avoir fait, le secret de l'opérateur, je me garderais de le dévoiler.—Mais, sans dévoiler ce procédé, que je crois avoir discerné, sans cependant en être sûr, je crois pouvoir et devoir ne pas laisser, pour ma part, accréditer une erreur qui tient à une des plus intéressantes branches de l'agriculture. — On se rappelle le chou colossal, l'orgueil-de-la-Chine, et divers engrais merveilleux. — Ces denrées, prônées par la complaisance ou la vénalité, ont induit dans des mécomptes coûteux un très-grand nombre de spéculateurs. Voici donc mes raisons pour ne pas croire au phénomène auquel M. l'abbé prétend croire :

Les spectateurs sont placés sous une tente, le jardin est en plein air, si l'on peut s'exprimer ainsi au sujet d'un jardin dans Paris ; — une centaine de plantes non fleuries ornent ce parterre. — Des plantes qui doivent être soumises à l'opération, aucune n'est dans la plate-bande la plus proche des spectateurs. Les plantes qui doivent fleurir sont désignées par l'opérateur, et non par l'assistance. Trois plantes sont dans des pots ; mais l'opérateur refuse et de les mettre sous les yeux et dans les mains de quelqu'un des spectateurs avant l'opération, et même de les changer de place. Elles restent au fond du jardin. — Les touffes sont formées de la réunion de plusieurs plantes agglomérées. On couvre les plantes désignées d'une cloche de verre, — on répand à leur pied une liqueur rouge. Il se produit une vapeur qui obscurcit la cloche. Au bout de dix minutes on lève les cloches, et les plantes sont en fleur.

Mais M. l'abbé connaît comme moi les phénomènes qui se produisent sur les plantes forcées, c'est-à-dire dont la floraison a été avancée par des moyens artificiels. Ces plantes, qui, par les procédés ordinaires, font en trois mois les évolutions qu'elles feraient naturellement en six, sont étiolées, affaiblies, décolorées.—Ainsi, le lilas blanc que vendent les bouquetières pendant l'hiver est presque exclusivement du lilas violet, qui perd sa couleur par l'étiolement que l'on acquiert par la privation de la lumière. — Une plante chauffée ou forcée ne tarderait pas à se flétrir à l'air libre.

Eh bien, toutes ces conditions, qui devraient se rencontrer plus visibles à la suite d'une opération aussi violente que celles qu'on est censé imposer à la nature, n'apparaissent nullement dans l'expérience en question : les fleurs ont toute l'intensité de leur coloris ordinaire ; elles ne présentent aucune trace d'étiolement, et les tiges ont toute la rigidité des plantes, même en plein air.

De plus, l'opérateur a refusé de faire épanouir, au moyen d'une seconde épreuve, un bouton déjà apparent, ce qui était cependant, selon sa prétention, beaucoup plus facile que de développer ce bouton.

Enfin, pendant que certains rameaux avaient, sous l'influence de l'opération, subi une telle révolution, qu'ils s'étaient chargés de boutons et de fleurs épanouies, les autres rameaux, les rameaux non florifères, soumis à la même influence, n'avaient nullement poussé, n'avaient reçu aucun développement.

Donc, attendu que je ne veux pas nuire à l'inventeur, mais seulement prévenir les horticulteurs et agriculteurs d'une tromperie, innocente peut-être dans l'esprit de celui qui la fait sans en apprécier les conséquences ; comme je veux dire la vérité, mais toute la vérité et rien que la vérité, je dois me résumer ainsi : — Je crois que c'est un escamotage, — et un escamotage assez bien exécuté pour mériter une certaine affluence de spectateurs. — Je ne crois pas au phénomène annoncé ; je pense même avoir deviné le procédé de l'opérateur ; mais ici je me tais.

Ah ! monsieur l'abbé, ma foi, tant pis pour vous ; je vous livre à vos remords, je vous dévoile vos crimes. — Vous m'avez fait faire cent vingt lieues, monsieur l'abbé, — et vous êtes la cause que j'ai été arrêté à Paris, — par erreur, il est *vrai*, mais arrêté cependant.

P. S. Le directeur du jardin enchanté m'a répondu que je n'avais pas le sens commun. — Puis son jardin a disparu. — Je puis aujourd'hui dire le procédé : — les fleurs étaient renfermées d'avance entre des feuilles et de la cire ou toute autre matière très-fusible, verte ; — la liqueur rouge fait fondre la cire et met les fleurs en liberté.

XVII

A LÉON GATAYES

COMPLÈTEMENT AGRICOLE, — UTILE ET PAS TROP ENNUYEUX

Pour ce qui est de la pomme de terre, il est beaucoup de terrains qui ne lui conviennent pas ; il en est même quelques-uns qui lui rendent certaines des qualités malsaines qui distinguent la plupart des membres de sa famille : ce sont les terrains où l'humidité est stagnante. La pomme de terre, pour conserver son nom de « petit pain tout fait, » pour rester farineuse, exquise, ne devrait être plantée que dans un sol léger, sablonneux et modérément fumé, de préférence même avec une fumure de l'année précédente.

Mais, quand un produit se vend bien, tout le monde veut le vendre ; on veut même le vendre sans se préoccuper d'en avoir; car ce n'est pas avoir des pommes de terre que de récolter ces légumes fades, visqueux, qui encombrent nos marchés.

On plante les pommes de terre en terre insalubre pour elles, on les fume avec excès, on les récolte avant la maturité pour les vendre plus cher, etc. ; on leur chicane même la semence.

On a commencé par planter des tubercules. L'excellente parmentière a encore donné ses produits avec générosité; alors on n'a plus planté qu'un fragment, puis qu'un œil, puis que la pelure.

Enfin, il est venu un jour où elle a succombé sous sa générosité; où, exténuée, épuisée, assassinée, elle est tombée malade, et on s'est écrié, avec un étonnement mêlé d'indignation : « Tiens ! la pomme de terre est malade ! »

Aujourd'hui, on la maltraite, on lui conteste ses qualités les plus incontestables.

Un agronome très-distingué, M. de Gasparin, qui, personnellement, est malveillant pour la pomme de terre, a été le premier à conseiller quasiment de l'abandonner pour la fève. Certes, M. de Gasparin a mille fois raison de conseiller d'étendre une culture aussi profitable que la fève; mais j'aurais voulu lui voir un chagrin plus réel et moins de résignation à l'égard de la pomme de terre.

Si je conseille, comme lui, de demander à la fève des

produits abondants et assurés, c'est précisément parce que la fève se plaît dans les terrains où la pomme de terre dégénère, et j'espère qu'une culture plus sensée, moins furieuse, nous rendra, après quelque temps de repos, ce grand bienfait de la pomme de terre, qui paraît, en ce moment, nous être repris par la Providence avec plusieurs autres bienfaits, qui, ceux-là, ne peuvent être remplacés par les fèves, et qu'il serait hors de propos d'énumérer ici.

Imitons un usage de l'Académie française.

Avant de faire l'éloge de la fève et de la recevoir définitivement, faisons l'éloge de la pomme de terre. Je promets de le faire brièvement.

Si Parmentier n'est pas l'introducteur de la pomme de terre, il en est du moins le zélé, l'opiniâtre propagateur.

C'est à ses procédés, à ses essais, à ses ruses ingénieuses, que nous avons dû de profiter enfin de ces « petits pains tout faits » que la Providence avait donnés à l'homme. Dieu sait que d'arguments on mit en avant contre la pomme de terre ! On établit, ce qui est vrai, que la pomme de terre a une famille suspecte : les solanées.

« La plupart des plantes de cette famille, dit Poiret, sont sans éclat, d'un aspect mélancolique, d'une odeur désagréable ; un grand nombre d'espèces sont narcotiques, vénéneuses, occasionnent des vomissements, des convulsions, le délire et la mort. »

Citons la jusquiame, un des poisons les plus dangereux que produise l'Europe; la nicotiane, dont on tire la nicotine, ce poison terrible, et le tabac, ce poison lent; la datura stramonium, un puissant narcotique qui cause, pris à certaines doses, la paralysie et la mort; la belladone, qui vous tue dans le sommeil, etc.

Mais on aurait pu répondre, et on a répondu, sans doute, qu'il n'est pas impossible qu'il se trouve un honnête homme dans une famille de fripons, quoique ce soit fort rare; mais qu'il y a des exemples assez nombreux d'un homme puissant par certaines qualités du génie sortant d'une famille de gens médiocres et de coquins; que même le grand homme d'une famille a quelquefois été formé aux dépens de plusieurs générations antérieures et postérieures.

Il y a aussi à dire que la même famille donne déjà à l'alimentation deux plantes : la pomme d'amour (tomate), l'aubergine (mélongène).

Toujours est-il que Parmentier, las de donner les pommes de terre, ne réussit à les propager un peu qu'en les faisant voler, et qu'en 1775, Valmont de Bomare rassurait encore les populations sur les qualités toxiques attribuées à la pomme de terre.

A cette époque, où on repoussait la pomme de terre, on l'appelait parmentière; mais, aussitôt qu'elle a été adoptée, aussitôt qu'elle a eu pris son rang, on lui a enlevé son nom de Parmentier pour l'appeler pomme de terre,

— nom bête qui ne désigne que la forme, et ne la désigne que pour certaines espèces : pain de terre eût été mieux et plus exact; mais le mieux eût été de lui laisser le nom de Parmentier.

Profitons de ce qu'elle est en défaveur pour tâcher de le lui rendre.

Parmentier, qui a fait tant de travaux utiles pour l'alimentation, a, dans l'esprit des savants, mais n'a pas dans l'opinion populaire, la place qui lui appartient. L'homme est ainsi fait, qu'il dépense toute son admiration, d'abord pour ceux qui lui font du mal : les conquérants, les despotes, etc., puis pour ceux qui l'amusent : les histrions, les danseurs de corde, etc.

Qu'il se présente ensuite un réel bienfaiteur de l'humanité, on n'a plus de monnaie. Supposez qu'un hectare ensemencé en blé produise dix-huit hectolitres de grains, pesant à peu près 1,440 kilogrammes : le rapport moyen d'un hectare planté en parmentières est de 17,500 kilogrammes.

Il ne faut compter, de ces 17,500, que le tiers; car trois kilogrammes de pommes de terre n'équivalent, en principes nutritifs, qu'à un kilogramme de substance alimentaire égale à celle du blé que vous récolterez; c'est-à-dire qu'une étendue de terrain donnée, plantée en parmentières, nourrira quatre fois autant d'individus que le même espace ensemencé en froment.

M. de Gasparin affirme même qu'en Irlande, un hectare et demi de pommes de terre produirait 28,488 kilogrammes de tubercules, qu'il suppose nécessaires pour la nourriture de cinq personnes. Malheureusement, le sol de l'Irlande, divisé entre ses habitants, ne peut fournir qu'un hectare à chaque famille, tandis que la France, entièrement cultivée, pourrait donner deux hectares à chaque famille de cinq personnes.

Je sais bien que plusieurs personnes, et M. de Gasparin entre autres, prétendent que la pomme de terre est loin de fournir à l'homme une nourriture suffisante. Une faculté incontestable qui a été donnée à l'homme, c'est qu'il est construit pour dévorer tout ce qui existe, ce qui végète dans la terre et ce qui mûrit sur les arbres, ce qui nage dans l'eau, ce qui vole dans l'air, ce qui fuit dans la plaine ou dans la forêt, pour boire le lait des troupeaux, le jus de la vigne et le sang des animaux.

Et nous appelons bête malfaisante la moindre petite chenille qui grignote une pauvre feuille de n'importe quoi !

La mâchoire de l'homme, m'ont dit des anatomistes, offre une collection complète de toutes les dents, partagées entre les autres animaux. Cette mâchoire est le plus complet, le seul complet arsenal que la nature ait formé en ce genre. L'homme mange de tout et a besoin, en général, d'une nourriture variée, c'est incontestable ; mais ce qui ne l'est pas moins, c'est que la pomme de terre n'est pas plus insuffisante sous ce rapport que tout autre aliment qui serait unique ; et j'ai, d'ailleurs, à opposer à M. de Gasparin, et *tutti quanti,* un tout petit argument. Les Allemands, les Alsaciens, les Lorrains, les Irlandais, etc., en font, une partie de l'année, leur aliment unique.

N'oublions pas, dans les attaques faites contre la parmentière, qu'on lui reprochera d'être la plante de préférence, l'unique nourriture même de la chenille, du papillon atropos, qui porte sur son corselet la figure très-exacte d'une tête de mort.

Il y a cent ans, on plaisantait peu avec ce papillon (sphinx atropos).

En 1750, il parut en Bretagne une grande quantité de ces papillons. (Hé! là-bas, les savants! pardonnez si je me sers de ce mot vulgaire, mais intelligible, de papillon.) Malgré sa forme élégante et ses couleurs harmonieusement fondues, il n'est pas d'un aspect précisément réjouissant. Ses ailes supérieures sont peintes de couleurs sombres, les inférieures sont d'un orangé terne et pâle avec des bandes noires. Tout son corps est rayé d'anneaux alternativement noirs et de ce même orangé triste et mat ; puis, sur son corselet, la nature s'est livrée à une fantaisie bizarre : sur un fond fauve est parfaitement peinte en noir une tête de mort ; de plus, ce sphinx fait entendre une espèce de petit gémissement assez lugubre.

Les curés cultivèrent avec un soin particulier la terreur, qui ne demandait pas mieux que de naître dans les esprits; ils jasèrent terriblement en chaire à ce sujet, et donnèrent ces insectes innocents comme un signe de la colère et un avant-coureur de la vengeance divine.

Les esprits furent tellement frappés, que quelques personnes firent des confessions publiques. De gros legs, appelés pieux, firent dépouiller des enfants pour enrichir des églises. Un curé fit une terrible homélie, qu'on peut lire encore dans *le Mercure de France* de cette époque.

Les plus incrédules s'attendaient à une peste.

Cela alla si loin, que le gouvernement demanda une consultation à l'Académie des sciences. L'Académie répondit, par l'organe de Réaumur, ce vrai savant, qu'il y avait beaucoup de sphinx atropos, parce qu'il y avait eu, l'année précédente, beaucoup de grandes chenilles jaunes et vertes de ce papillon qui n'avaient pas été mangés par les oiseaux; que cela ne voulait dire que cela; que le prétendu gémissement était produit par le frottement de la trompe que le papillon déroule et insinue dans le nectaire des fleurs nocturnes contre les parois qui la renferme.

Les Pères de Trévoux blâmèrent vigoureusement l'Académie et Réaumur. C'était à tort, disaient-ils, que la science, cette invention du démon, ce fruit malsain de l'arbre défendu, venait désabuser les gens d'une terreur salutaire; que le public doit toujours s'alarmer, parce qu'il est toujours coupable. Réaumur, malmené par les bons Pères, les battit assez brillamment.

M. de Gasparin explique, à propos de pommes de terre, une loi économique que je vais reproduire ici.

C'est là un grand principe d'agriculture, et de l'agriculture vue de haut.

« Pour que la subsistance d'une nation soit assurée, dit-il à peu près, car je cite de mémoire, elle doit reposer sur deux substances alimentaires : l'une consacrée à la nourriture de l'homme, comme le blé; l'autre, qui, consacrée à la nourriture des animaux, puisse en même temps passer à la nourriture de l'homme, en cas de disette, comme la pomme de terre.

» Ceci établi, supposez une disette de blé, et l'homme trouve alors une double ressource : il tue et mange une partie des bestiaux, et en même temps les pommes de terre destinées à leur nourriture. »

Comme, en France, il n'y a que des modes pour la politique, comme pour les mœurs, comme pour les vices, comme pour les vertus, comme pour les jupes et les gilets, quand la pomme de terre était à la mode, on en mettait partout. Sous Louis XVI, lors de la lutte de Parmentier, les femmes portèrent des fleurs de parmentière en coiffure. Parmentier invita une commission de savants à un dîner où tout, depuis le pain jusqu'au café et à l'eau-de-vie, était tiré de la pomme de terre; je ne sais s'il connaissait et fit faire, pour ce repas, un certain fromage assez bon, qu'on fabrique en Allemagne avec ce tubercule écrasé et du lait caillé. Il aurait pu aussi faire peindre la salle à manger avec une peinture économique, composée depuis peu, par Cadet de Vaux, avec une bouillie de pomme de terre.

Résumé :

Donc, accueillons bien la fève, mais n'abandonnons pas la pomme de terre. Loin de là, donnons-lui des soins intelligents ; adoptons et recherchons les espèces précoces ; asseyons et perfectionnons la plantation d'automne ; cultivons la parmentière seulement dans les terrains qui lui conviennent et avec des fumures très-modérées, et ayant déjà servi à une récolte préalable.

Donnons aux fèves les terres un peu humides, les terres fortes, qui ne conviennent pas à la parmentière.

Parlons maintenant de la fève, et parlons-en le mieux possible.

Pourquoi les anciens Égyptiens, ou, du moins, certains dévots de ce temps-là, s'abstenaient-ils des fèves? Cicéron prétend qu'elles causent un sommeil pesant, qui empêche de faire des songes divinatoires, conseils des dieux. D'autres prétendent que c'était un principe d'hygiène, les fèves étant réputées malsaines.

On dit encore, dans certaines parties de la France, que l'odeur des fèves en fleurs rend fous ceux qui s'y exposent. Dans le *Voyage autour de mon jardin*, j'ai cherché ce que j'avais fait toute ma vie dans le mois de juin, époque de la floraison des fèves dans le pays que j'habitais alors. J'y ai trouvé passablement d'extravagances, ou, du moins, d'actes qui ont dû paraître tels aux faux sages et aux soi-disant sérieux. Mais, pour établir tout à fait l'influence pernicieuse de la fève, il faudrait en même temps établir qu'on n'en pourrait pas trouver autant dans les autres mois.

Pythagore, initié aux mystères des prêtres égyptiens, comme l'avait été Moïse, défendait également les fèves à ses disciples.

« Le chevalier de Jaucourt, dit le savant Poiret, explique autrement, dans l'ancienne *Encyclopédie*, les idées de Pythagore au sujet des fèves. La fève était née en même temps que l'homme et du même limon ; elle devait donc avoir, comme les animaux, une âme sujette aux vicissitudes de la transmigration. »

Horace, qui voulait plaisanter le côté extérieur et vulgaire de la métempsycose, avait adopté cette opinion. Il appelle la fève une cousine de Pythagore :

O quando faba Pythagoræ cognata...

« Les Flamines, dit Varron, ne mangeaient pas de fèves, parce qu'ils croyaient voir des lettres infernales dans les taches noires de leurs fleurs. »

Pour moi, j'aime assez la version qui traduit la pensée de Pythagore par un conseil à ses disciples de s'abstenir des débats politiques, soit que la fève servît à donner et à compter les suffrages pour les élections, soit parce que les candidats faisaient parfois au peuple des distributions de légumes secs, pois, fèves, lentilles, etc., pour capter les suffrages.

« Tu dépenses ton bien en pois et fèves et en lupins, » dit Horace à un ambitieux :

In cicere atque bona tu perdas lupinis.

Ce qui me fait penser, comme je le disais il y a cinquante lignes, que c'étaient seulement certains dévots égyptiens qui s'abstenaient des fèves, c'est qu'il est évident que les Égyptiens en cultivaient beaucoup, et je crois qu'on a eu tort, comme ont fait plusieurs auteurs, d'étendre cette horreur des fèves au peuple égyptien tout entier. J'ignore, à ce sujet, l'opinion du peuple juif, qui, outre les vases d'or de ses maîtres, emporta beaucoup de choses d'Égypte.

On pense que la fève est originaire de la Perse et des environs de la mer Caspienne. Les Romains cultivaient beaucoup de fèves, et en savaient aussi long que nous à leur sujet; ils connaissaient les facultés améliorantes des fèves, des lupins, de la vesce, etc.

« Ces légumes, dit Varron, sucent moins la terre. »

« Ils fument le sol, disait Caton : *Segetem stercorant.* »

Virgile le dit également dans les *Géorgiques.* On

pense que la fève tire de l'atmosphère une grande partie de sa nourriture en absorbant les gaz ammoniacaux, de sorte que la fumure qu'on leur donne en les plantant, non-seulement ne se trouve pas diminuée après la récolte des fèves, mais est augmentée si l'on enfouit une partie de la tige et des feuilles.

En Piémont, les fèves récoltées, on sème des haricots et du maïs, sans nouvelle fumure, dans les sillons mêmes où ont crû les fèves.

M. de Gasparin dit que les Bolonais font précéder le chanvre par l'enfouissement des fèves en fleurs; c'est ce que j'ai vu faire pour le lupin dans les environs de Bordeaux.

Certes, le noir animalisé, le guano, la poudrette grasse, contiennent une puissance fécondante ou excitante incontestable. Cette faculté a été préconisée par de savants chimistes. M. Payen a fait des dithyrambes sur le noir animalisé; mais M. Payen est orfèvre... en fumiers. Il existe à Paris une fabrique de noir animalisé, sous la raison sociale : « Salmon, Payen et Lupé. »

Ce ne serait rien, ou presque rien. M. Payen est un homme trop honorablement placé dans la science pour préconiser un engrais qui ne serait pas un engrais. Tout au plus peut-on penser qu'il se laisserait entraîner à en étendre l'usage à certains cas douteux pour quelques agriculteurs; mais, à coup sûr, il ne sortira d'un établissement patronné par M. Payen rien qui soit le moins du monde altéré ou mélangé d'autres matières que celles annoncées.

Pour ce qui est de la poudrette, du guano, etc., et autres engrais pulvérulents, qui seraient certainement très-puissants à divers degrés, surtout dans certains cas, on sait, certes, dans quelles proportions hardies on y mêle très-fréquemment de la cendre, de la terre noire de Picardie, du brasier de forge, du résidu de bleu de Prusse ; on sait, certes, et je ne l'ai pas caché, pour ma part, à quel misérable et honteux degré de perfectionnement est arrivée la fraude commerciale

> La terre — *alma parens!* — est mère de tout lucre :
> Brune, elle est du café ; mais, jaune, elle est du sucre.

Il faudrait que le commerce des engrais fût surveillé, et qu'il y eût partout un contrôle et un essayage des engrais, comme il y a un contrôle et un essayage des monnaies. La monnaie est une richesse de convention, et l'agriculture, la seule vraie et solide richesse.

Il serait temps, non plus de discourir sur l'agriculture pour obéir à une mode et placer quelques phrases toutes faites, mais de s'y cramponner de bonne foi, comme à une arche de salut. Dans les circonstances où nous nous trouvons, d'une part, et, d'autre part, en vue de l'ardeur excessive, la soif de l'argent, qui pousse tout le monde aux chances aléatoires, il serait sage de s'attacher à la vraie, à la seule richesse. Les autres, comme l'or fait par Midas, peuvent, dans un temps donné, ne pas vous défendre de la faim. Un journal patronné par le gouvernement l'a dit; je le répète, et n'aurais osé le dire le premier : « La cherté des subsistances est peut-être un bien; cette heureuse calamité va obliger les esprits à s'occuper sérieusement des substances alimentaires. »

L'Europe a un peu faim en ce moment; il lui sera plus facile de remettre en leur place beaucoup de choses qui n'y sont plus.

L'agriculture doit être la vraie noblesse, comme elle est la vraie richesse; c'est une vérité que je crie depuis vingt ans, pour ma part, sur les toits et dans les caves, et que je développerai encore une fois un de ces jours.

Pour le moment, revenons au sujet de cet article.

En agriculture, l'art et la pratique, qui devraient marcher ensemble enlacés, confondus, comme un bon mari et une bonne femme, font, au contraire, assez mauvais ménage, et marchent sur deux lignes parallèles très-éloignées l'une de l'autre.

La science de l'agriculture finit par perdre la terre de vue, et se contente du papier; elle se complaît dans des calculs, des chiffres, des analyses minutieuses, des théories, des systèmes et des solutions aussi absolues que prématurées.

La pratique, après avoir été jetée par la science dans deux ou trois ravins et bourbiers, est en trop grande défiance, et se fait gloire d'obéir à la routine.

D'une part, il est évident qu'un hectare de papier chargé d'analyses et de calculs, et arrosé d'encre, ne produira pas autant de blé qu'un centiare de terre fécondée par une petite pluie.

D'autre part, il est impossible que l'intelligence humaine, qui a, de nos jours, créé la très-belle science de la chimie, n'amène pas des progrès immenses dans l'agriculture. Malheureusement, comme le dit M. de Gasparin, « nous sommes en présence de ces problèmes, mais nous n'en avons pas la solution; » ce que M. Gasparin, dont les livres sont fort beaux, paraît quelquefois oublier dans la façon absolue dont il pose certains principes.

Ainsi M. de Gasparin ramène tout à l'azote; les légumes mangent l'azote de la terre; l'homme et les animaux mangent l'azote des légumes; la terre mange l'azote que lui rendent les animaux et l'homme. Il faudrait alors changer le nom de l'azote, qui est formé de l'*a* privatif grec et de *zoé* (la vie). Eh bien, qui prouve suffisamment qu'il ne faut pas tenir compte de beaucoup d'autres éléments dans l'appréciation des engrais? Un Anglais n'a-t-il pas fait récemment un gros livre pour établir, au contraire, qu'il ne faut tenir compte que de l'acide... j'ai oublié le nom? Certes, la jeune chimie agricole se pose des questions intéressantes.

Voici des graines confiées à la terre.

Jusqu'à ce que la plante en germe dans les grains ait acquis tout son développement, et ait donné à son tour des grains qui la reproduiront, qu'empruntera-t-elle au sol, c'est-à-dire après une récolte ? quels éléments faudra-t-il rendre au sol avant de lui demander une nouvelle récolte ? Très-belle, très-utile, très-riche question ; mais on se hâte trop de la résoudre. On fait des analyses qui sont nécessairement fausses dans leur précision. Vous dites : Pour arriver à son développement, la plante a dû manger du chlorure de potassium, du chlorure de sodium, du nitrate de chaux, du sulfate de soude, du chlorhydrate d'ammoniaque, de l'acétate de chaux, du sulfate de cuivre, de la gomme, du sucre, de l'extrait de terreau, de l'acide carbonique, etc., etc. Cherchons combien chaque plante a mangé de ces éléments, et rendons à la terre ce qui lui a manqué.

Ce serait très-bien ; mais êtes-vous sûr de connaître tous les éléments qui composent à la fois le sol et l'atmosphère dans lesquels se nourrit la plante par la tête et par les pieds ? savez-vous bien toutes les combinaisons qui peuvent servir à l'absorption de ces éléments ? savez-vous la différence que peut amener un nuage qui passe chargé d'électricité, une pluie saturée de tels ou tels sels, certains détritus arrivés dans le sol précisément à certains moments, à un certain état de décomposition et de combinaison ?

Vos analyses risquent encore de vous égarer en ceci : vous regardez dîner un homme ; vous constatez qu'il a mangé un potage à la bisque d'écrevisse, du saumon grillé, des haricots verts, des cailles et une crème à la vanille ; direz-vous : « L'homme doit manger, pour vivre, de la crème à la vanille, des cailles, etc. ? »

Chaque homme choisit, sur la grande table mise et servie par la nature, ce qu'il veut et ce qu'il peut manger. Laissez, jusqu'à nouvel ordre, la même latitude aux plantes.

Mettez donc dans la cour, au tas de fumier, tout ce qui n'a pas d'autre emploi dans la ferme : fumiers des chevaux, des vaches, des moutons, des lapins, des poules, des pigeons, herbes sèches, jonc des ruisseaux, vase des étangs, sang des animaux tués, chiffons, plumes, poils, cendre, et fumez vos terres avec ce mélange : les plantes choisiront elles-mêmes ce qui leur convient, et vous ne serez plus exposé à une erreur de calcul.

Le fumier de ferme ne contient-il pas, de votre aveu, tous, ou à peu près tous les éléments que vous voulez rendre à la terre séparément ? Continuez ainsi jusqu'à ce que la science ait fait toutes ses expériences et refait toutes ses additions ; profitez de ce qu'elle découvre, et aidez-la de ce que vous savez.

Posez-lui des questions, et ensuite examinez ses solutions, et critiquez-les par des essais pratiques. Mais, selon M. Boussingault, M. de Gasparin, M. Braconnat, etc., voici la composition de mille parties de fumier de ferme : eau, carbone, hydrogène, oxygène, azote, acide carbonique, acide phosphorique, acide sulfurique, chlore, silice, sable, argile, chaux, magnésie, oxyde de fer, alumine, potasse, soude.

Il semble que la carte est assez fournie et assez variée.

Ne droguons pas la terre.

Quelques-uns des nouveaux engrais préconisés sont nuls, insuffisants ou sophistiqués. Ceux qui sont excitants laissent le plus souvent le sol dans un grave état de fatigue et d'épuisement.

Les nouveaux engrais, surtout les engrais spéciaux, c'est-à-dire apportant au sol tel ou tel sel, tel ou tel élément, doivent être employés avec défiance.

Voici qu'on vante en ce moment la tangue (sable de mer) comme un engrais pouvant remplacer les autres.

C'est une erreur. Ouvrons ici une parenthèse à propos de la tangue.

J'ai vu, pendant bien des années, faire usage de la tangue en Normandie.

Certes, elle produit de bons résultats, et, si l'emploi n'en est pas plus général, c'est à cause du prix énorme qu'en coûterait le transport.

Cependant, il me semble utile de ramener à certaines proportions les éloges que l'on en fait en ce moment au profit d'une entreprise commerciale qu'il est bon d'encourager, tout en réduisant quelque peu son enthousiasme. Je n'examinerai pas ici si le chemin de fer de Rennes à la mer, desservi par des chevaux, diminuera suffisamment le prix du transport de la tangue. En ce cas, la Société Tanguière aura rendu un vrai service.

La tangue est d'un utile emploi pour l'agriculture, même après que j'aurai dit ici ce que je crois la vérité.

« La tangue, dit M. Ange Jumelais, est un sablon de mer composé de chaux, de phosphate et de sel ; c'est l'engrais le plus productif qui soit. »

La tangue n'est pas précisément **un** engrais. On la classe dans les amendements stimulaires, lorsqu'elle est composée autrement que ne l'annonce M. Ange Jumelais, c'est-à-dire lorsqu'elle contient des détritus végétaux et animaux ; et, comme c'est ce qui arrive le plus souvent, M. Jumelais est resté, sous ce rapport, au-dessous de la vérité ; mais il est un tant soit peu au-dessus, lorsqu'il signale la tangue comme « l'engrais le plus productif qui soit. »

En Normandie, on mêle toujours du fumier à la tangue.

Donc, pour les Normands, elle ne constitue pas tout à fait un engrais.

La tangue a plus ou moins de valeur, selon la distance de la mer et la localité où on la prend.

Trop loin de la mer, et ne renfermant pas de débris organiques, ce n'est plus du tout un engrais, ce n'est plus qu'un amendement.

En théorie et en pratique, quand on le peut, on emploie 30,000 killogrammes de fumier de terre pour fumer un hectare; on emploie d'ordinaire 40,000 kilogrammes de tangue par hectare.

Ces 40,000 kilogrammes de tangue prise dans de bonnes conditions, analysée par MM. Payen et Boussingault, ne fournissent, selon M. de Gasparin, que l'équivalent de 13,000 kilogrammes de fumier de ferme.

La tangue, fût-elle employée efficacement, sans mélange de fumier, ce que je n'ai pas vu, n'aurait donc, à poids égal, que tout au plus le tiers de la valeur du fumier de ferme. Il faudrait donc transporter 90,000 kigrammes de tangue par hectare; mais alors il y aurait trop de certains éléments et point assez d'autres. Je n'ai certes aucune malveillance contre la Société Tanguière. Loin de là, je pense que son exploitation peut rendre un service à l'agriculture.

Mais pourra-t-elle transporter les masses de tangue nécessaires à un prix qui n'en fasse pas « le plus cher des engrais, en même temps qu'il est loin d'en être le plus productif. »

Je suis prêt à applaudir à ce résultat, si elle l'obtient.

Mais je crois devoir, après avoir dit ce que c'est en réalité que la tangue, ajouter que, même comme amendement stimulant, ce qui est le seul titre auquel je crois qu'elle ait des droits, elle est loin de convenir à tous les terrains. — Nous fermerons ici la parenthèse ouverte à propos de la tangue.

Conclusion. — Ne droguons pas la terre.

Ne raffinons pas trop, si ce n'est pour nous amuser.

M. Liéby, un savant allemand, reproche amèrement, après analyse, aux soldats de Hesse-Darmstadt, de ne rendre à l'agriculture que 30 pour 100 de l'azote qu'ils mangent.

M. Barral constate qu'une femme française, plus honnête, restitue à la terre 56 pour 100 de l'azote qu'elle consomme.

M. Boussingault établit qu'une tourterelle en rend 64 pour 100.

Tirons-en, si vous voulez, la conséquence qu'il faudrait qu'il y eût, dans le duché de Hesse-Darmstadt et peut-être ailleurs, plus de tourterelles que de femmes, et plus de femmes que de soldats, au point de vue de l'agriculture.

Je cite ceci, pour montrer quelles distractions les savants peuvent trouver dans la science. Attendons d'abord que les savants soient d'accord, pour que leurs opinions puissent s'appeler l'opinion de la science, et puis alors nous attendrons que l'opinion de la science soit approuvée par l'expérience, et d'accord avec la pratique.

En attendant, fumons la terre avec le fumier composé du plus grand nombre d'éléments possible; que les propriétaires exigent de leurs fermiers, quelque petites que soient les fermes, qu'ils y entretiennent des bestiaux ou des animaux autant qu'un assolement intelligent le permettra.

Si vous ne pouvez avoir un cheval, ayez un âne ; si vous ne pouvez avoir une vache, ayez deux chèvres ou deux moutons ; ayez des lapins, ayez des pigeons ; vous donnerez ainsi une valeur importante à l'herbe des sarclages, transformée en litière et en fumier.

Enfin, cultivez des fèves, mais n'abandonnez pas la parmentière.

XVIII

A FERRET

S'il est des côtés par lesquels l'homme se montre le plus stupide des animaux en même temps que le plus cruel, il en est d'autres par où l'on reconnaît le roi de la terre. La navigation est une grande chose, et la mécanique, la physique, la chimie ont étendu leurs progrès et leurs conquêtes au delà de ce qu'il paraissait destiné et permis à l'homme d'atteindre. — Quand j'entends parler de quelque grande découverte dans ces sciences, je me demande parfois si le monde ne serait pas un grand problème, un immense rébus que Dieu aurait donné à l'homme à résoudre, à déchiffrer, à expliquer, et s'il n'est pas à craindre que, du jour où l'homme aura deviné le mot, Dieu lui dira : C'est cela, — c'est fini; et le monde finira.

Mais quand j'ai roulé cette idée dans ma tête, il m'en vient assez facilement une autre : c'est que les efforts de l'homme pour s'élever sans cesse, pour étendre ses conquêtes, sortir de sa sphère et devenir une sorte de demi-dieu, sont et seront sans cesse déjoués comme les efforts de Sysiphe, dont le rocher retombe sans cesse, comme l'entreprise des géants contre l'Olympe, comme la tour de Babel.

En effet, pendant que l'intelligence de l'homme conquiert, de certains côtés, des domaines nouveaux, il est d'autres côtés par lesquels, loin de gagner, il semble, au contraire, singulièrement perdre. Si je voulais ici parler politique, je ne manquerais pas d'arguments irréfutables à l'appui de cette opinion ; mais je ne veux chercher de sujets de crainte que dans l'ordre physique. Voici que l'homme a asservi le feu et l'eau et la foudre, et que des sujets de la terreur de nos pères il a fait des esclaves obéissants; il sait ce qui se passe dans la lune et dans les autres planètes, etc. — Mais on lit un jour dans les journaux : Maladie des pommes de terre, maladie des betteraves, maladie du blé, maladie du raisin, etc. En même temps que ces maladies, il se présente tant de médecins que, les uns venant en aide aux autres, le cas pourrait devenir grave. Et alors à quoi serviraient à l'homme ses nouvelles conquêtes, si les pommes de terre, le blé et le raisin venaient à mourir?

O mon Dieu! s'écrieraient les hommes affamés, altérés et épouvantés, ayez pitié de nous; reprenez-nous nos sciences et nos savants, et rendez-nous vos anciens bienfaits; reprenez-nous l'astronomie, et rendez-nous le blé, dont le besoin, surtout pour les Français, est poussé jusqu'au préjugé et à la superstition. — En effet, je suis sûr que, si le blé venait un jour à manquer en France, les Français, sans tenir compte des pommes de terre, des fruits et des légumes farineux, et de la viande, et quelle que fût l'abondance de ces aliments, se déclareraient en famine et mourraient de faim.

Reprenez-nous la vapeur, mon Dieu, et rendez-nous les pommes de terre, ces excellents petits pains qui poussaient tout faits dans la terre.

Reprenez-nous nos grands hommes politiques, qui appellent l'art de conserver leurs places — sauvegarder la société, sauver la famille et la propriété, etc., et rendez-nous le raisin qu'ils ont laissé mourir, le raisin dont le jus nous faisait parfois oublier et eux et leurs bienfaits.

Mais nous n'en sommes pas encore là, Dieu merci; le blé, le raisin, la pomme de terre ne sont pas morts, — et j'ai quelque soupçon que certains docteurs ès fruits et ès légumes agissent à l'exemple d'un chirurgien dont je ne sais plus quel auteur a raconté l'histoire. Ce frater, reçu par l'Académie, n'avait pas tardé à remarquer que, si l'Académie donne les diplômes, elle ne fournit pas les malades. Après avoir cherché vainement toutes sortes de moyens de se mettre en évidence et de se former une clientèle, il s'était arrêté à celui-ci : son logis était le seul logis de médecin dans un quartier assez désert; le soir, enveloppé d'un vaste manteau, il attendait le premier passant bien mis, lui donnait un coup de poignard, et s'enfuyait vite attendre qu'on le lui apportât. Sa porte à cet effet était ornée d'une lanterne sur laquelle on voyait briller en transparent son nom et sa profession.

Il y a quelques années déjà, dans un recueil qui s'appelait *les Guêpes*, j'ai dénoncé, après l'avoir pris en flagrant délit, un médecin de ce genre. Il avait annoncé dans les journaux que la colère céleste venait de déchaîner un ennemi contre le cassis, — *ribes nigrum;* — suivait une description scientifique du redoutable animal et des procédés pour lutter contre ses déprédations. Je constatai qu'il s'agissait d'une variété de puceron qui a de tout temps vécu sur le cassis, que l'on y trouve toujours, — qui a dû être créé le même jour que le cassis, — soit qu'il ait été fait pour le cassis ou que le cassis ait été fait pour lui. Ce qui fut cause que notre homme ne put s'intituler, comme il en avait eu l'intention et l'espoir, — sauveur du cassis et vainqueur de ses ennemis.

Sérieusement j'ai déjà plusieurs fois parlé des maladies et des dégénérescences qui peuvent se remarquer dans certains végétaux. L'homme fait produire à tout ce qu'il a soumis à sa puissance au delà des desseins de la nature ; de plus, sa recherche incessante de nouvelles espèces, tout en lui faisant faire des découvertes et des conquêtes précieuses, doit de temps en temps produire également des espèces médiocres, mauvaises, maladives. Le bien-être suspect qui doit ressortir des théories politiques ne devrait pas l'emporter sur les intérêts réels et sérieux dans l'esprit de ceux qui gouvernent ou sont censés gouverner, et ne sont en réalité frappés que d'une idée, ne croient qu'à un devoir : conserver leurs places et empêcher d'autres de les prendre.

Si l'on était ministre de l'agriculture pour l'agriculture, par exemple, au lieu d'être ministre de l'agriculture pour la révision de la Constitution ou pour l'abrogation de l'article 45, il est un projet que j'ai déjà laissé entrevoir et que je proposerais sérieusement.

On a créé des haras dans les départements pour la propagation des belles races de chevaux, de bœufs, etc.; pourquoi ne créerait-on pas dans chaque chef-lieu d'arrondissement une sorte de haras de fruits et de légumes pour propager les bonnes et les nouvelles espèces, et remplacer graduellement les espèces médiocres, mauvaises ou dégénérées qui occupent la plus grande partie des cultures? Nos marchés sont encombrés de mauvaises espèces de fruits et de légumes; les semences sont achetées et vendues avec une parfaite incertitude.

On pourrait, dans ces cultures-modèles, donner à bas prix aux cultivateurs des greffes et des semences des meilleures espèces; on pourrait faire des essais et des expériences que ne peut se permettre l'industrie privée; en peu d'années toutes les bonnes espèces auraient remplacé les autres; une nouveauté utile, expérimentée, une découverte constatée, soit en fruits ou en légumes, soit en procédés de culture ou en engrais, par le moyen de ces jardins, serait propagée en quelques mois. On y donnerait des leçons pour la taille des arbres, la greffe, etc.; ce serait une sorte d'école normale de jardinage, et le produit en greffe, en semences, en fruits, en légumes, ne tarderait pas à couvrir les frais de pareils établissements. Mais, je le répète, il faudrait, pour commencer à penser à cela, que la politique ne consistât pas à se battre sans cesse dans les coulisses à qui remplira les beaux rôles, les rôles à oripeaux, et qu'on commençât une pièce pour laquelle le pays paye depuis longtemps sa place.

Ces établissements horticoles, outre les avantages que j'ai énumérés et beaucoup d'autres encore, auraient celui de pouvoir correspondre avec un comité central au ministère de l'agriculture — nous supposons un ministère de l'agriculture. Quand une maladie, une dégénérescence, se manifesterait dans une contrée, on saurait si elle a paru également dans les autres; on pourrait demander pour les pays attaqués des semences saines à ceux qui auraient été préservés. Les observations simultanées dans des sols, des expositions, sous des températures différentes, amèneraient bien vite la découverte de la vérité. — Citons encore un des services que de pareils établissements auraient rendus depuis quelques années. Une des causes de la maladie des pommes de terre est que, depuis vingt ans et plus, on multiplie les pommes de terre de bouture sans recourir au semis, si ce n'est pour chercher des espèces nouvelles. L'industrie privée n'ose pas semer des pommes de terre, parce que la graine ne produit la première année que de petits tubercules gros comme les billes qui servent de jouets aux enfants; lesquels, remis en terre, produiraient de vraies pommes de terre l'année suivante, mais feraient perdre une année. Les établissements dont je parle, en fournissant aux agriculteurs de ces petits tubercules d'un an, auraient probablement beaucoup contribué à résister à la maladie qui envahit ce légume précieux.

Les journaux, et les journaux spéciaux, ont annoncé au commencement de cette année avec emphase une nouvelle fraise, sous le nom de fraise Crémont. C'était la vraie, la seule fraise. Jusqu'ici on n'avait mangé que des espèces de rudiments informes de fraises. La fraise était découverte. La fraise Crémont, grosse entre les grosses fraises, égale à la fraise Mammouth, à la fraise Goliath par ses dimensions, remontait comme la fraise des Alpes. Beaucoup de gens en ont acheté, et entre autres quelques jardiniers normands. Dieu sait avec quels soins fut cultivée cette merveille, quelles espérances on faisait reposer sur ses produits.

Eh bien! la fraise Crémont n'a donné que des fruits de moyenne grosseur et n'a pas refleuri. Il serait bien temps que les journaux expliquassent clairement au public que leur quatrième page est un mur sur lequel ils permettent d'afficher à quiconque leur paye un prix convenu. Mais il faudrait aussi prémunir contre la *réclame* et aussi contre le *fait-Paris;* car tout cela se vend, même dans des journaux qui ne dévieraient pas de leur ligne politique de la largeur d'un cheveu pour des millions.

Si on me demandait ce que m'ont fait les dahlias, je serais fort embarrassé de répondre. Cependant la vérité est que je ne les aime guère. Certes, aucune fleur n'a des couleurs plus riches et plus variées, et.... l'avouerai-je? j'ai fini par prendre cette année un parti violent : j'ai cessé de les admettre dans mon jardin.

D'abord mon jardin n'est pas grand; ensuite il est cultivé d'une façon particulière. La culture n'y est pas apparente; les gazons, émaillés de crocus et de violettes au printemps, de safrans et de colchiques à l'automne, ont l'air de gazons sauvages et venus d'eux-mêmes. Les magnolia y sont traités sans plus de façon que les ormes. Les ronces à fleurs doubles blanches et roses y croissent comme croissent les ronces sauvages dans les haies. Le muguet, les primevères, les cyclamens fleurissent sous les arbres sans demander aucun soin, si bien qu'on les oublie et qu'on les *trouve* chaque année. Eh bien! par la faute du jardin, ou par la faute des dahlias, les dahlias font un très-mauvais effet dans mon jardin. Ils ne veulent absolument pas avoir l'air d'avoir été jetés là par un oiseau ou par le vent. Tout en étalant leurs riches corolles, ils vous parlent du jardinier; ils montrent leurs tuteurs, ils laissent voir leurs liens, ils sont gourmés, empesés, haut cravatés; enfin nous nous sommes brouillés, ils sont partis. Peut-être aussi y a-t-il une autre raison. Les primevères, les roses, le muguet, l'aubépine, la pervenche, la violette ont été mêlés à notre jeunesse et à nos premières sensations; nous voyons chaque année refleurir avec eux toutes nos croyances, toutes nos illusions fanées; ils nous racontent les jours passés et les rêves finis. Le dahlia n'a rien à raconter aux gens de mon âge. J'ai quarante-deux ans, et il n'y avait pas de dahlia quand j'étais enfant. Il n'y en avait pas dans le jardin où mon âme s'épanouissait au soleil, à la pensée, à l'amour.

Quoi qu'il en soit, j'ai proscrit les dahlias, mais je les ai proscrits sans haine. Dans ce jardin tout peuplé d'amis, ils étaient des messieurs, des étrangers, des intrus, presque des indiscrets; ils me gênaient, moi et mes souvenirs et mes rêveries. Mais je n'ai pas renoncé à les voir quelquefois. J'ai un voisin qui en a une très-riche et très-belle collection, parfaitement soignée; outre que ce voisin est un homme de bon cœur et de bon accueil, j'aime aussi à aller visiter ses dahlias et leurs fleurs si splendidement éclatantes. Peut-être dans ma brouille avec les dahlias est-ce moi qui ai tort, peut-être est-ce au défaut de mon caractère qu'il faut attribuer notre rupture; je ne le regrette pas, mais je ne conseille à personne de m'imiter.

Je vais, aux premières gelées, faire l'essai d'un procédé que j'ai déjà vu recommander par plusieurs jardiniers. On sait que les héliotropes passent difficilement l'hiver, même dans une orangerie; on sait aussi quel développement ils prennent livrés à la pleine terre; il s'agit de leur faire passer l'hiver dehors, et voici comment on doit s'y prendre :

Dès la première gelée, les branches de l'héliotrope deviennent noires; il faut alors les couper toutes au ras du sol, puis avec les débris de ces branches, du sable, des balles de blé, etc., on forme au-dessus de la touffe une butte un peu plus grosse qu'une taupinière, et qui doit écarter l'humidité du pied de l'héliotrope. Ce n'est qu'à moitié d'avril, c'est-à-dire lorsqu'on n'a plus de gelées à craindre, qu'il faut détruire cette butte.

Un journal flamand vient de publier des *Recettes curieuses* pour teindre et parfumer les fleurs, et leur donner la couleur et l'odeur qu'elles n'ont pas naturellement. Il s'agit tout simplement de teindre les fleurs blanches en bleu, en noir ou en vert, en mettant aux pieds des plantes une composition de vinaigre, de sel, de fumier de mouton, à laquelle on mêle une poudre faite de fleurs de bluets desséchées, de baies noires, ou du suc de rue.

Pour les odeurs, on fait tremper les semences dans du vinaigre, auquel on mêle ou de l'ambre, ou de l'essence de rose, ou du benjoin, selon l'odeur qu'on veut obtenir.

Comme beaucoup de journaux français ont reproduit la notice du journal flamand, et que la chose est dite avec un merveilleux aplomb, il n'est pas hors de propos d'avertir que c'est tout simplement une mystification semblable au moyen indiqué par madame de Genlis pour se procurer des roses vertes ou noires, en greffant des rosiers sur des houx et des cassis, ou pour se procurer des œillets bleus en plantant la graine dans une racine de chicorée sauvage.

Il y a cependant une façon de changer ou de modifier la couleur de certaines fleurs. — J'ai vu quelqu'un déjà employer ce moyen à l'égard des dahlias, et il réussissait complétement à tromper, émouvoir et ébahir pendant quelque temps les plus fermes amateurs de cette plante. — Promenez-vous dans un jardin en fumant un bon cigare; ne laissez pas tomber la cendre blanche qui conserve la forme du cigare; prenez le moment où il reste au bout du cigare deux ou trois centimètres de cette cendre; passez-la alors légèrement sur les pétales des dahlias; — les parties que vous aurez touchées changeront de couleur. — J'ai vu faire l'expérience sur deux fleurs seulement, sur un dahlia jaune et sur un rose. Les pointes des pétales du premier, touchées par la cendre du cigare, devinrent rouge-brique; les pointes du second devinrent vertes.

XIX

A THÉOPHILE GAUTHIER

Il est un livre très-répandu en France depuis bien longtemps, et qui a pour titre le *Bon Jardinier*. Ce livre est la grammaire et le dictionnaire à la fois de tout ce qui a un grand ou un petit jardin à la campagne ou à la ville, — ou quelques pots de fleurs sur sa fenêtre.

Le *Bon Jardinier* doit son succès constant à ce qu'il est à la fois le livre le plus élémentaire, et le plus complet, et le moins cher, et le moins volumineux. Je ne prétends pas dire qu'il n'y en a pas de plus complet : ce serait une grave erreur ; mais ceux qui l'emportent sur lui sous ce rapport sont en plusieurs volumes, et s'adressent à des gens déjà instruits dans les pratiques du jardinage.

Longtemps le *Bon Jardinier* a eu une petite prétention assez incommode : au lieu d'être un gros bonhomme de livre, tout simple et tout rond, il a voulu faire le bouquin respectable, il a voulu faire le savant. Il a classé par familles botaniques les plantes dont il faisait la description et dont il enseignait la culture. — De sorte que ses lecteurs, dont peu sont bacheliers et botanistes, avaient besoin d'avoir recours à la table des matières pour savoir où trouver la plante qui leur inspirait de la curiosité, de l'intérêt ou des doutes. De sorte qu'il leur fallait chercher deux fois chaque mot : une fois à la table, une fois dans le livre.

J'ai quelques raisons de penser que j'ai un peu contribué à faire revenir le *Bon Jardinier* à des allures plus simples, à un langage moins recherché et plus à la portée de ses lecteurs. Le *Bon Jardinier*, depuis quelques années, a adopté l'ordre alphabétique, du moins pour une partie du volume. Je viens de recevoir celui de cette année, et je l'ai parcouru. L'amélioration, que je loue en elle-même, est loin d'avoir les bons résultats que j'en attendais. Le *Bon Jardinier* n'a pu se défaire franchement du ton pesamment scientifique dont je le croyais dégoûté : il ne se contente pas d'instruire et d'éclairer, il veut étonner et éblouir. Il craint de se familiariser avec ses disciples, et il ne leur permet pas de l'approcher de trop près. Il ne s'est pas résigné à mettre les sabots du jardinier ; il a conservé les souliers craquants et cirés à l'œuf du professeur. Ses manchettes sont de toile grosse et jaune, mais cependant il a des manchettes comme M. de Buffon.

C'est ainsi qu'il a laissé sans résultat ce qui devait être une notable amélioration.

Quel était le but qu'on devait se proposer et qu'on pouvait atteindre en adoptant l'ordre alphabétique ? Un but bien simple : faciliter et abréger les recherches.

Pour cela, que fallait-il faire ?

Renoncer à la division par familles botaniques; mais, pour ceux qui sont savants ou pour ceux qui veulent le devenir, inscrire entre parenthèses, après chaque plante, la famille à laquelle elle appartient;

Former le dictionnaire des noms vulgaires, et, entre les noms vulgaires, choisir pour chaque plante le plus généralement adopté, en ajoutant à l'article les autres noms vulgaires et les noms scientifiques.

Le *Bon Jardinier* a fait tout le contraire, et le moindre inconvénient qu'ait cette lubie pédante est qu'il faut chercher deux fois chaque mot, comme avant l'adoption de l'ordre alphabétique. D'autres fois on ne trouve pas du tout certains mots. Ainsi, le *pyrus*, cognassier du Japon, cet arbuste de forme irrégulière qui, au moment où j'écris, est chargé d'une si grande quantité de fleurs rouges, n'y est pas indiqué, même par un renvoi. Je suppose cependant qu'il est dans le livre, mais sous quel nom nouveau ou inconnu s'y cache-t-il ?

Donnons quelques exemples de ces inconvénients. Quand le *Bon Jardinier* a adopté l'ordre alphabétique, c'était pour satisfaire les réclamations qui devaient se formuler ainsi : « Mais, monsieur, je suis jardinier ; je sais à peine lire ; je n'ai pas appris la botanique, » ou « Monsieur, il y a beaucoup de plantes dont je ne sais pas du tout le nom, d'autres dont je ne sais que le nom vulgaire ; rappelez-vous, ô *Bon Jardinier !* que vous vous adressez à des gens qui, pour la plupart, ne sont que tout au plus de mauvais jardiniers, » etc., etc.

Voici donc nos gens très-satisfaits. Désormais leur livre chéri va répondre à toutes leurs demandes, et à la première question.

Cherchons un peu l'article *Chêne*. Le voici : c'est bien plus commode ; à la bonne heure ; c'est là ce que nous demandions : *Chêne*, voyez *Quercus*.

« Ah ! il faut chercher une seconde fois !

— C'est votre faute, répond le *Bon Jardinier* d'un air capable ; il fallait chercher d'abord *Quercus*.

— Mais, mon bon monsieur, je vous ai dit que je ne sais pas la botanique ; vous avez eu l'air d'avoir pitié de moi ; j'en ai été plein de reconnaissance ; et maintenant voilà que vous exigez que je sache le latin. »

Houx, voyez *Ilex*. — *Hêtre*, voyez *Fagus*. — *Châtaignier*, voyez *Castanea*. — *Lilas*, voyez *Syringa*.

« Ah ! monsieur, ah ! méchant *Bon Jardinier* que vous êtes, vous nous avez trompés ; vous nous avez sacrifiés aux savants. Mais, si vous aviez mis les noms vulgaires et chrétiens des plantes, les savants les savent comme nous, et personne n'aurait cherché deux fois, au risque parfois de ne pas trouver. Vous auriez pu, au besoin, pour leur faire plaisir, renverser l'ordre que vous avez adopté, et mettre : *Quercus*, voyez *Chêne* ; — *Ilex*, voyez *Houx* ; —

Fagus, voyez *Hêtre*, et tout le monde aurait été content. »

Mais ce n'est pas tout : outre que le *Bon Jardinier* a été à l'inverse de ses bonnes intentions en adoptant les noms latins et scientifiques des plantes, il a encore adopté des noms scientifiques nouveaux, qui ont succédé aux anciens, sans que j'y voie, pour ma part, de raison extrêmement triomphante ; mais, en tout cas, ces noms devaient venir après les autres.

Ainsi, cette jolie petite fleur, humble et brillante, qui passe du rose au violet, que l'on a appelée si longtemps giroflée ou julienne de Mahon, on savait bien que les savants l'appelaient *cheiranthus maritima* ; on commençait même à s'habituer à ce mot, au point de le reconnaître quand on le rencontrait. Il paraît que messieurs les botanistes veulent qu'on apprenne toujours et qu'on ne sache jamais ; leur science est la nuée qu'embrassait sans cesse ce damné de l'enfer païen. La julienne de Mahon ne s'appelle plus julienne de Mahon, elle ne s'appelle plus *cheiranthus maritima* ; elle s'appelle cette année *malcomia*. Comment s'appellera-t-elle l'année prochaine ?

Le liseron, aux belles cloches blanches, violettes

et roses, s'appelait aussi volubilis ; on lui a imposé, du moins à quelques-uns, le nom d'*ipomées* ; c'était moins doux, moins joli, mais on s'y accoutumait, on le prononçait encore assez facilement. Le liseron s'appelle maintenant *pharbitis !* Jamais je ne sèmerai des *pharbitis* dans mon jardin. J'ai fait autrefois des vers sur certains liserons qui grimpaient après une haie d'un jardin où j'avais vingt ans : faites donc des vers sur les *pharbitis !*

Et cette calme et riche fleur de l'automne, la reine-marguerite, on avait déjà essayé de l'appeler *aster de la Chine*, on n'avait pas réussi à lui ôter son nom aimé. La science est furieuse ! Ah ! vous n'avez pas voulu admettre *aster sinensis*, eh bien ! la reine-marguerite s'appellera désormais *callistephus*.

Effeuillez donc des *callistephus*, ô bergère ! pour savoir si votre amant vous aime un peu, passionnément ou pas du tout.

O Rosine ! envoyez donc le comte Almaviva vous attendre à l'ombre des *œsculus*.

Qu'il fera beau ce soir sous les grands *œsculus !*

Et la pervenche, ô Rousseau ! tu t'écrierais : Une *vinca major?*

Et l'œillet, ô mademoiselle de Scudéri ! faites donc entrer le nom *botanique* de l'œillet dans vos vers pour le grand Condé :

En voyant ces dianthus (caryophyllus) qu'un illustre guerrier
Arrose de la main qui gagna des batailles, etc.

Tenez, voici la saison où les arbres de Judée commencent à se couvrir de si nombreuses fleurs tout le long de leurs branches, qu'il semble de loin que ce soient des arbres à feuillage rose ; je savais bien que dans les livres ça s'appelait *gaînier*; mais, dans ma mémoire, dans mes regrets, dans mes désirs de printemps, c'était toujours le bois ou l'arbre de Judée. *Gaînier* est rejeté. Ouvrez le *Bon Jardinier :*

Gaînier de Judée, voir *Cereis siliquastrum.*

Et les belles grappes jaunes des faux ébéniers ?

Dans les fleurs des lilas et des ébéniers jaunes,
De mes doux souvenirs, cachés comme des faunes,
La troupe joue et rit.

Lisez : Dans les fleurs des *syringas* et des *cytisus laburnum*.

Et l'aubépine, donc, croyez-vous la débaptiser? — Allons donc! Tous les ans nos jeunes années refleurissent avec elle. Non, non, ce n'est pas à un *cratægus oxyacantha* que je me suis écorché les doigts un jour de mai, quand j'avais vingt ans; c'est à une aubépine dont je savais alors où porter les branches parfumées.

Et cette giroflée des murailles, dont les étoiles jaunes s'épanouissaient dans les fentes des pierres du clocher de ***? Je veux bien quelquefois l'appeler *ravenelle* avec mes Normands, parmi lesquels je suis aujourd'hui; mais je ne consens pas à l'appeler *cheiranthus cheiri*.

Et le bleuet des blés, tressé en couronnes pour de si souples cheveux? Tout conspire contre lui : les imprimeurs veulent absolument l'appeler *bluet*; et le *Bon Jardinier*, demandez-lui ce que c'est que le bleuet; il vous dit d'un air dédaigneux : « Je ne connais pas, voyez *Centaurea cyanus*. »

Et le muguet? croyez-vous que vous remplacerez son nom par celui de *convallaria*? Non; ce n'est pas du *convallaria* que nous allions cueillir dans les bois de Vaujours; c'était du muguet. Ce nom est une musique qui me raconte ce temps-là ; de même que tous les noms de ces fleurs avec lesquelles nous avons vécu étant enfants ; ce sont les noms de baptême, les petits noms, les noms sous lesquels on aime. Donnez des noms ambitieux aux plantes nouvelles, si vous le voulez absolument. J'ai quarante ans, je les admirerai, mais je ne les aimerai pas. Mais ne changez pas les noms de nos chères fleurs ; les doux et cruels souvenirs, aussi précieux les uns que les autres, ne les reconnaîtraient plus pour voltiger autour d'elles comme des papillons à l'époque où elles refleurissent.

Voilà pourquoi tant de belles fleurs, découvertes depuis trente ans, ne se mêlent pas à notre vie, à nos souvenirs, à nos amours : c'est qu'on a fait de ces belles habitantes des bois et des campagnes une tribu de parvenues prétentieuses, qui portent maladroitement des noms difficiles à prononcer, qui ne peuvent entrer ni dans un vers ni dans un souvenir.

Cette belle glycine, dont les grappes bleues et parfumées couvrent ma maison, a été aussi débaptisée par ce faux bonhomme de *Bon Jardinier* : il l'appelle *wisteria*. Pourquoi ?

Le *corchorus*, chargé de ses petites roses jaunes,

appelé *corète* il y a quelques années, a pris le nom de *kerria*. Pourquoi ?

Le jasmin de Virginie (*bignonia radicans*) ne s'est pas contenté de ces deux noms : il a pris celui de *tecoma*. Pourquoi ?

Le coréopsis s'appelle *calliopsis* ; — la giroflée rouge, *mathiola* ; — le *mandevillea* s'appelle *echites*. — Le *calycanthus* précoce, dont les fleurs doucement parfumées sont la consolation des jardins au mois de janvier, pendant lequel elles sont seules épanouies, avait été appelé *meratia*. J'y avais consenti ; mais on a changé ce nom en celui de *chimonanthus*. Pourquoi *chimon* plutôt que *calyc* ?

L'*immortelle*, bouquet des morts, a passé par les noms de *gnaphalium* et d'*helichrysum*.

La vigne vierge, qui s'était déjà appelée *ampelopsis*, se nomme aujourd'hui *cissus*.

Les chrysanthèmes, la couronne de l'automne, ne sont plus connus du *Bon Jardinier*. Vous lui demandez ce que c'est que les chrysanthèmes, il vous répond : « Voyez *Pyrethrum*. »

Quel est le but de ce carnaval des fleurs ? Je l'ignore. Quel en est le résultat ? Le voici :

C'est de décourager les amateurs, en leur rendant

la première et la plus naïve des sciences de plus en plus âpre, difficile et rebutante.

Ces noms nouveaux ont l'air de gros mots et d'injures adressées aux fleurs. On dirait qu'ils veulent les cacher, comme cette belle princesse cachait ses attraits sous une peau d'âne.

Outre ce reproche que j'adresse au *Bon Jardinier*, je vais noter ici une ou deux légères erreurs qui m'ont frappé en ouvrant le livre au hasard.

La *veronica speciosa,* indiquée comme ayant des fleurs bleues, les a violettes ou roses.

L'aponogéton dystachion, pour lequel on recommande la serre chaude ou tempérée, végète mal en serre chaude et y reste malingre et dans des proportions plus petites des deux tiers que dans les bassins d'un jardin où je le conserve depuis dix ans sans abri, et où il est plus beau qu'en serre tempérée.

Il n'est pas exact de dire que les balisiers (*canna*) ont besoin de la serre chaude pour mûrir leurs graines ; j'en récolte tous les ans en plein air.

L'*azalea liliiflora,* indiquée comme de serre tempérée, se porte aussi bien à l'air libre qu'un orme ou qu'un chêne.

Le *ciste ladanifère* n'a pas le centre de sa fleur

brunâtre, mais bien d'un beau rouge foncé, qui s'éclaircit en se fondant dans du jaune.

C'est à tort qu'on recommande de semer de préférence la *commelyne* tubéreuse tous les ans ; les tubercules se conservent très-bien dans de la terre sèche ; on les replante au printemps, et, au lieu d'avoir des plantes grêles d'un pied de haut, on a de magnifiques buissons vigoureux, et à proportions plus opulentes en tous sens, qui s'élèvent jusqu'à trois pieds.

Le *cratægus corallina* (épine corail) n'a pas *les plus grandes fleurs du genre ;* il faut au contraire les mettre au rang des plus petites ; elles sont très-tardives, et le fruit rouge porte un point noir qui lui donne l'apparence des graines d'Amérique, dont il a la grosseur.

La fleur du *budleia globosa* n'est pas d'un jaune doré, mais d'un orange vif.

La *leycesteria formosa* n'a pas ses fleurs et ses fruits *en épi,* mais en grappes.

Le daphné lauréole, au contraire, ne forme pas des grappes, mais des épis ; sa fleur n'est pas *verdâtre*, mais elle est d'un vert pâle appelé vulgairement vert-pomme.

Le *cyclamen de Cos* n'a pas la fleur rouge, mais

bien d'un rose vif; il vit en plein air comme les cyclamens d'Europe.

Dans l'article des ronces, on a omis une variété de ronce double rose; à celle qui a les pétales intérieurs linéaires, comme les anémones doubles, il faut ajouter celle qui est entièrement semblable à la ronce à fleurs doubles blanches, sauf la couleur, c'est-à-dire dont la forme est celle d'une rose. Chez M. Armand Gontier, à Fontenay-aux-Roses, il y en a un pied qui couvre tout un pignon. Etc., etc., etc.

On ne doit pas ménager les avis à un livre aussi utile, aussi répandu, aussi estimable à beaucoup d'égards que le *Bon Jardinier*. Il est à désirer que de plus habiles que moi imitent mon exemple, et, par leurs critiques consciencieuses, aident l'éditeur à perfectionner chaque année un ouvrage réellement classique, et qui se trouve dans toutes les mains.

Deux mots encore.

Les camellias dont je vous ai parlé ont subi huit degrés de froid et sont en fleurs en ce moment, 25 avril, dans mon jardin.

Les héliotropes, enterrés de la façon que je vous ai expliquée, d'après une note de la *Flore* de M. Van Houtte, ont presque tous résisté à l'hiver en pleine terre, et montrent déjà des pousses nouvelles.

Une expérience de cette année seulement ne peut permettre de jugement définitif ; je veux cependant dire que des primevères de la Chine ont passé l'hiver sans abri dans le jardin d'un de mes voisins, et ne paraissent pas en avoir souffert.

P. S. — Je savais bien que le cognassier du Japon se cachait sous un faux nom dans quelque coin du *Bon Jardinier*. Le hasard me le fait rencontrer ; il se fait appeler *chœnomeles*. A-t-il quelque mauvais dessein, qu'il conserve ainsi l'incognito ? Se veut-il faire passer pour un arbuste nouvellement découvert ? Veut-il se faire acheter sous ce nouveau nom par ceux qui le possèdent déjà sous ceux de *pyrus*, de *cognassier*, de *cydonia* ? Ce déguisement m'est suspect ; je le lui dis franchement, quoiqu'il soit en ce moment bien beau et bien fleuri.

XX

A DUTILLET

Les habitants des villes qui honorent la campagne de leur présence pendant quelques mois de l'été et qui veulent bien se rappeler, avec un touchant sentiment de pitié, les amis qui passent toute l'année aux champs, me semblent pareils à des gens qui, au théâtre, s'en vont au troisième acte, et disent, si on leur demande leur avis sur la pièce : « Ça ne finit pas. » L'hiver n'existe pas tel qu'on se le représente vulgairement ; cette torpeur complète de la nature, ce sommeil si ressemblant à la mort des plantes, ne sont pas aussi absolus qu'on le croit généralement.

Le vent aigu de l'hiver a balayé les feuilles, mais

les jardins n'ont pas perdu tous leurs charmes. Je ne parle pas d'un hiver tardif comme celui-ci, qui tient à la fois de l'automne et du printemps, et pendant lequel nous cueillons ici tous les jours des violettes de Parme au pied des murailles. Je parle d'un véritable hiver comme il va peut-être nous arriver demain.

Les troncs et les branches dépouillés de certains arbres meurtris par le froid, extravasant leur séve, offrent aux yeux des couleurs brillantes ; le bois du cornouiller sanguin est d'un beau rouge violet. J'ai planté ici et j'ai acheté chez Armand Gontier, à Fontenay-aux-Roses, un autre cornouiller appelé *cornouiller de Sibérie*, dont le bois est d'un rouge carmin très-éclatant. Le bois du frêne doré et de certains osiers est d'un beau jaune. Un autre saule est violet. Le genêt d'Espagne est du vert de l'émeraude. Les branches qui ont poussé sur les tilleuls, pendant l'été, sont, l'hiver, d'un riche amarante.

Mais ce ne sont pas seulement ces arbres endormis qui charment les yeux ; il est des plantes, et assez nombreuses, qui fleurissent naturellement l'hiver et épanouissent leurs corolles pendant les plus durs mois de l'année.

Voici la *rose de Noël*, l'*ellébore noir*, qui étale

au pied d'un buisson ses grandes fleurs blanches et roses ; — l'*héliotrope d'hiver*, le *tussilage odorant*, élève de son ample feuillage des thyrses de houppes grises et roses qui répandent au loin une douce odeur de vanille et d'amande amère.

Les *lauriers-thés* étalent leurs ombelles d'un blanc rosé.

Le *daphné des bois, daphné-lauréole*, cache sous son feuillage persistant des épis serrés de fleurs vertes, ornées d'étamines jaunes qui exhalent, à la fin du jour surtout, une odeur très-suave et qui ne ressemble à aucune autre.

Le *calycanthe du Japon, calycanthe précoce* ou *menthier odorant*, a perdu ses longues feuilles ; mais ses branches se couvrent de petites fleurs jaunâtres et violettes qui répandent une odeur qui semble réunir les parfums du jasmin d'Espagne et de la jacinthe.

Les *coudriers* laissent pendre en longs chatons jaunes leurs fleurs mâles, au-dessous desquelles paraissent bientôt les fleurs femelles sous la forme de petits pinceaux d'un riche carmin.

Les mousses, si variées, si intéressantes, sont alors dans tout leur éclat et étalent des tapis de velours vert au pied des arbres, sur les vieilles murailles et sur les toits de chaume.

Le *roitelet troglodyte* court sur les murailles, le *rouge-gorge* s'approche familièrement des maisons, et accepte volontiers l'hospitalité que vous lui offrez en laissant une grange ouverte; les *mésanges* à la tête bleue ou noire sautillent sur les branches nues en faisant entendre leurs voix stridentes.

Les *merles* se réfugient dans les houx, qui parsèment leur feuillage luisant de fruits plus brillants que le corail, qu'ils respectent encore, tandis qu'ils ont déjà dépouillé les *sorbiers* et les *aubépines*. J'ai ici au moins dix variétés de houx verts ou panachés de blanc et de jaune; rien n'est plus splendide.

Sous les arbres, le *houx frelon, fragon* ou *verglandier*, forme des touffes d'un vert sombre semblables à des myrtes et porte sur ses feuilles des fruits rouges aussi gros et aussi éclatants que des cerises mûres.

L'*iris fétide* entr'ouvre du sein de ses longues feuilles en lame d'épée de grosses gousses dans lesquelles on voit briller en grand nombre des grains orange symétriquement pressés.

Au moindre rayon de soleil, les pâquerettes et les primevères émaillent les pelouses, et les pervenches ouvrent leurs yeux bleus au pied des murs.

Il faut savoir se préparer ces fêtes pour les yeux,

il faut planter ces divers végétaux à la place et dans le sol qui leur convient ; il faut surtout appliquer à certaines plantes vigoureuses ce que Diderot disait des enfants avec tant de bon sens : « Il ne faut pas trop élever les garçons. » Ne tourmentez pas ces chères plantes, laissez-les se développer et s'étendre d'elles-mêmes. N'écoutez pas votre jardinier qui vous dira, comme le mien, que vous empestez votre jardin de tussilages et que vous l'empoisonnez de muguet.

A ces plantes précieuses qui viennent orner nos jardi. pendant l'hiver, un écrivain célèbre, M. Eugène ie, vient d'ajouter une conquête inappréciable : il parle dans un nouveau roman, la *Bonne Aventure*, d'un *cactus* qui fleurit à-l'air libre pendant l'hiver, en même temps que le *tussilage odorant*, héliotrope d'hiver.

Ce *cactus* est entièrement nouveau, et m'est particulièrement inconnu.

Les cactus qu'on connaissait viennent des contrées les plus chaudes de l'Amérique et de l'Afrique, et ont besoin ici de l'abri des meilleures serres.

Si ce *cactus* n'est pas nommé, je propose de lui donner le nom de son inventeur.

Ce n'est pas la seule plante que l'on doive aux écrivains de ce temps-ci. J'ai établi, il y a longtemps

LES FLEURS.

déjà, le jardin des romanciers, tout planté de fleurs et de végétaux dus à leur féconde imagination.

On doit à madame SAND un *chrysanthème à fleurs bleues.*

A M. ROLLE, le *camellia à odeur enivrante.*

A M. JANIN, *l'œillet bleu.*

A M. VICTOR HUGO, le *rosier de Bengale sans épines et sans odeur.*

Dans un vers, dont je suis tout honteux de ne me rappeler que le sens, tant j'en sais de lui qui sont un charmant ornement pour la mémoire, il dit du rosier de Bengale à peu près :

Comme elle est sans épine, elle n'a pas d'odeur.

Les roses du Bengale que nous connaissions jusqu'ici non-seulement exhalent une odeur très-douce et très-distinguée, mais de plus le rosier du Bengale a, de tous les rosiers, les plus gros et les plus larges aiguillons.

Disons en passant, car tout intéresse chez un grand poëte, que la fleur de prédilection de M. Victor Hugo est ce ravissant petit liseron des haies blanc et rose, qui répand une si délicieuse odeur d'amande amère. Glissons ici humblement et sournoisement quatre vers à propos des roses et de leurs épines; l'auteur désire avoir l'air de désirer garder l'anonyme :

De leur meilleur côté tâchons de voir les choses :
Vous vous plaignez de voir les rosiers épineux;
Moi je me réjouis et rends grâces aux dieux
  Que les épines aient des roses.

A M. PAUL FÉVAL, on doit une *variété de mélèze* qui garde ses feuilles l'hiver.

A BALZAC, à ce grand écrivain qui vient de mourir dans toute la force de son génie, et dont le dernier livre est peut-être le plus beau, les jardins doivent l'*azalée grimpante*.

A propos de Balzac, je saisis cette occasion de me justifier. On a publié il y a quelque temps un volume sur Balzac; dans ce volume, l'auteur a cru devoir rapporter assez en détail une petite querelle littéraire que j'ai eue avec l'auteur des *Parents pauvres*, querelle à la suite de laquelle nous nous étions brouillés. Balzac avait depuis quitté la France, moi j'avais quitté Paris. Les occasions nous ont manqué pour nous réconcilier. Ce que l'auteur de la *Vie de Balzac* m'aurait fait grand plaisir d'ajouter, c'est que ni mon admiration pour Balzac, ni l'expression de cette admiration, n'ont jamais eu d'intermittence ; on trouverait dans les *Guêpes*, peu de temps après notre brouille, à propos d'un remplissage de l'Académie : « L'Académie ne nommera pas Balzac ; l'Académie de ce temps-ci veut avoir aussi son Molière à ne pas nommer. » Vingt fois j'ai eu l'honneur de rendre une justice aussi entière à ce grand écrivain, et à propos des *Parents pauvres*, son dernier ouvrage, j'écrivais : « Je remercie bien sincèrement M. de Balzac de s'être rappelé le nom de mon cher père, en citant un certain nombre de célèbres musiciens allemands ; avoir son nom placé dans un des beaux livres de M. de Balzac, c'est avoir une glorieuse épitaphe. »

Je n'ai que quarante-deux ans ; mais je suis né du

temps ou l'on savait encore admirer : je crois, par exemple, que je suis né tout à fait à la fin de ce temps-là.

Les gens qui lisent savent tout ce que l'on doit à la féconde imagination de M. Dumas de récits curieux, attachants, dramatiques, spirituels. Cette imagination, dont la puissance n'a pas encore montré ses limites, n'avait encore rien créé dans l'empire des fleurs; elle ne pouvait se contenter des richesses acquises : elle nous a donné des richesses nouvelles.

Si mes autres lecteurs veulent bien me le permettre, j'appellerai spécialement sur ce qui va suivre l'attention de M. Bachelet, du Havre, célèbre amateur de tulipes, qui sème des géraniums à ses moments perdus, et a bien voulu donner mon nom à un de ses gains de l'année dernière.

M. ALEXANDRE DUMAS vient de trouver une *tulipe noire!*

Dans un roman publié par lui dernièrement, sous ce titre, la *Tulipe noire*, M. A. Dumas nous montre deux amateurs de tulipes s'efforçant par tous les moyens d'obtenir une tulipe noire, pour laquelle la *Société tulipière* de Harlem proposa, dit M. Dumas, l'an 1672, un prix de cent mille florins. Le récit des efforts des deux jardiniers renferme des circonstances qui ne seront pas sans intérêt pour les autres cultivateurs. Ainsi Van-Baërle se met à aimer les tulipes. Un an après, il avait trouvé cinq *espèces* nouvelles de tulipes. Probablement l'auteur a voulu dire cinq tulipes nouvelles. Il est fâcheux que M. A. Dumas ne nous donne pas avec détails les procédés de Van-Baërle ; car dans les procédés de culture connus jusqu'à nos jours, la semence d'une tulipe ne produit de fleurs qu'au bout de quatre ou cinq ans. Ces fleurs ensuite n'ont tout à fait fixé leur coloris et leurs panachures qu'après un espace de temps qui varie de deux à quinze ans. C'est donc *au moins* six ans qu'il faut à tout autre amateur que ledit Van-Baërle pour pouvoir classer et faire admettre une tulipe dans les plates-bandes considérables; en moyenne, on compte dix ans. C'est un immense progrès qui est dû à M. Dumas, et qui portera à semer des tulipes bien des gens découragés jusqu'ici par la lenteur des résultats.

Un peu plus loin, Van-Baërle donne à *ses couches à tulipes* une chaleur convenable. Nous ne connaissons guère que la petite tulipe rouge, appelée tulipe du duc de Thol, que les autres jardiniers chauffent pour les avoir l'hiver. Personne autre que Van-Baërle ne plante les tulipes d'amateur sur couche ; sans doute il en obtient de bons résultats, mais l'auteur néglige de nous les faire connaître, ainsi que les avantages d'élever les tulipes en pot, singulière fantaisie qu'il attribue à son héros. Encouragé, comme on le pense bien, par ces merveilleux résultats, cinq tulipes nouvelles en un an, Van-Baërle continue ses efforts, et en deux années il *couvrit ses plates-bandes* de sujets nouveaux *tellement merveilleux, que jamais personne, excepté peut-être Shakspeare et Rubens, n'avaient tant créé après Dieu.*

Mais voici bien autre chose : Van-Baërle a obtenu un oignon, cet oignon n'a pas fleuri, et pourtant il a des caïeux. Les oignons que nous connaissons n'ont de caïeux qu'après avoir fleuri ; mais ce qui est plus étrange, c'est que cet oignon qui n'a pas fleuri, Van-Baërle le *divise en trois caïeux*, et il n'y a plus d'oignon ; ces caïeux doivent fleurir l'année suivante ! c'est possible, quoique la plupart des caïeux ne donnent pas des fleurs si vite ; mais en tout cas, d'après les anciens préjugés, l'oignon aurait fleuri plus sûrement et plus promptement que ses caïeux. L'oignon vient de la semence d'une tulipe couleur café : il y a mille chances contre une pour que sa fleur soit couleur café plus ou moins sombre; cependant Van-Baërle sait qu'un des trois caïeux produira la tulipe noire : « Ils ont cet air mélancolique qui promet le noir d'ébène. »

Voyez comme on apprend! Jusqu'ici il était reputé incontestable que tout caïeu donne une fleur identique à celle dont il tire son origine. — Mais il était temps de changer cette vieille routine où s'endormaient des caïeux rétrogrades.

Une autre modification apportée par M. A. Dumas dans la culture des tulipes, c'est qu'il ne les plante qu'au mois d'avril. — Tandis que, dans l'ancienne méthode, c'est du 10 au 25 novembre qu'on les confie à la terre.

Au milieu de tant d'intéressantes révélations, fruits sans doute d'études longues et consciencieuses sur une plante si aimée, il est à regretter qu'il se glisse quelques erreurs. Van-Baërle a tort de croire qu'en 1672 *il n'existait pas dans la nature de tulipes couleur bistre*. Ceux qui sèment savent qu'on ne trouve que trop de plantes brunes dans les semis. — Il est singulier également que la *Société tulipière de Harlem* ait proposé un prix pour une tulipe unicolore : de tout temps le grand mérite des tulipes aux yeux des amateurs a été dans leur panachure. Les tulipes unicolores s'appellent *bagnettes*, et on attend qu'elles se panachent ; si elles ne s'y décident pas, on les jette dehors, et cela alors comme aujourd'hui. J'ai entre les mains un catalogue de tulipes hollandaises à la date de 1667, ce qui n'est pas loin de 1672. — Très-peu n'ont que deux couleurs. — Le catalogue n'en cite pas une seule qui n'ait qu'une couleur.

En échange de toutes ces belles choses que nous avons apprises dans le dernier roman de M. Dumas, nous pouvons lui témoigner notre reconnaissance en lui enlevant un souci. — « *Les tulipes*, dit-il, *frileuses comme de vraies filles de l'Orient, ne se cultivent pas dans la terre en hiver, elles ont besoin de l'intérieur de la maison et des douces caresses du poêle.* » M. Alex. Dumas sera bien heureux d'apprendre que les tulipes sont bien plus robustes qu'il ne le croit. — Il n'a qu'à en planter dans son petit jardin de l'avenue Frochot dans le mois de novembre, et il les verra sortir de terre et fleurir au printemps suivant. — Les tulipes les plus précieuses passent l'hiver dans la terre des jardins, — et jamais on n'en a vu être même enrhumées. — Pour ce qui est des *caresses du poêle*, M. Dumas a confondu ici l'oignon des tulipes avec l'oignon *allium cepa*, vulgairement oignon de cuisine, que l'on approche du feu, mais pour le métamorphoser en soupe dite à l'oignon, ou en purée dite à la soubise.

Toujours est-il que Van-Baërle obtient une *tulipe noire*, et touche les cent mille florins. L'auteur ne nous dit pas comment a péri ladite tulipe, car on n'en a jamais entendu parler depuis ni auparavant, ce qui n'empêche pas que M. Dumas est un charmant et spirituel conteur, un des plus féconds et des plus beaux esprits de ce temps; que je l'aime beaucoup, et que j'ai été fort reconnaissant de la visite qu'il a bien voulu faire cet été à ma cabane du bord de la mer.

Le même Alex. Dumas, dans *Balsamo*, a découvert une nouvelle variété de tournesol. — C'est un tournesol qui « s'ouvre aux premiers rayons de soleil, et conséquemment se ferme le soir. » M. Élie Berthet a enrichi les jardins d'un pêcher qui fleurit dans le mois de mai. — Il connaît aussi un rossignol qui chante au soleil.

Janin, non content de son œillet bleu, qui est une jolie découverte, parle d'un *chaume* parfumé de fleurs bleues et vermeilles. S'agit-il d'un toit de chaume ou d'un champ où le grain coupé n'a laissé que du chaume? Si c'est d'un toit de chaume, il veut parler des iris qui sont violets et qui exhalent dans d'autres variétés seulement une si douce et si faible odeur, qu'on ne la distingue que de fort près. Je n'ai jamais vu de fleurs rouges sur les toits de chaume.

S'il s'agit d'un champ de blé ou de seigle, il y a les bluets qui sont bien bleus, et les coquelicots qui sont rouges, mais qui n'ont pas d'odeur, et qui, d'ailleurs, sont coupés par la faucille en même temps que le grain, et ne subsistent plus dans le chaume. Je le chicanerai également sur le mot vermeilles : vermeil vient de vermillon, qui est écarlate ; mais comme rose vient de rouge, vermeil s'est de tout temps appliqué au vin et aux premières teintes de l'aurore ; le coquelicot vermeil à odeur serait donc une nouvelle plante à mettre dans la guirlande des fleurs fabuleuses que tressent les écrivains contemporains.

J'ai encore à vous apprendre que l'éditeur Curmer a publié un gros livre de moi qui s'appelle *Voyage autour de mon jardin*. Malgré le luxe dont il l'a entouré, malgré le soin qu'il y a mis, il se trouve quelques fautes d'impression dans l'ouvrage :

Telles que *oponogelon*, pour *aponogeton*. Cet *aponogeton dystachion* est une charmante plante aquatique blanche avec des étamines noires et sentant une suave odeur de vanille ; elle fleurit à la fin de l'automne et derechef au printemps ; c'est-à-dire que le froid ne fait qu'interrompre la floraison, et qu'en réalité elle ne se repose que pendant les grosses chaleurs et le grand froid. Elle est en fleurs ici, en ce moment, comme un grand nombre de primevères.

Je vois à la page 109 *bluet* pour bleuet; mais, depuis que j'écris, je n'ai pu réussir à faire imprimer le mot *bleuet*; anagallis *morellé* pour *mouellé*; plumbago *carpentœ* pour *larpentœ*. L'auteur a bien assez de ses fautes.

— Préparez donc votre hiver pour l'année prochaine, et plantez dès à présent celles des plantes qui sont en cette saison l'ornement des jardins, et que vous n'avez pas encore.

Il n'y a pas à faire beaucoup d'autres travaux : vos oignons de toutes sortes, vos pattes d'anémones, vos griffes de renoncules sont en place.

A propos d'oignons, il en est un de la plus grande magnificence, qui se cultive très-bien en pleine terre avec quelques soins, c'est le *lilium lancifolium*. Faites un trou de deux pieds, à moitié de terre de bruyère grossièrement concassée, en y laissant les racines; ajoutez quatre pouces de terre de bruyère fine, placez votre oignon, recouvrez-le ensuite de terre de bruyère : par ce moyen il ne souffrira pas de l'humidité.

Revenons un instant sur les plantes que je vous ai indiquées et sur les soins qu'elles exigent. Le *cornouiller de Sibérie* s'arrange de toute exposition, pourvu qu'il ne soit pas tout à fait sous les arbres, l'*ellébore noir* se contente d'une exposition à moitié soleil ; le *tussilage* préfère un sol frais, mais vient partout.

Les *daphnés-lauréoles*, les *verglandiers* et les *iris fétides* doivent être placés sous les grands arbres. On dit dans les livres de mettre le *calycanthus précoce* en terre de bruyère, mais il s'en passe très-bien. J'en ai un au levant et l'autre au midi, ils végètent tous deux parfaitement. Si vous le plantez à présent, achetez-le en pot, car l'hiver n'est pas l'hiver pour lui, et on ne peut le déplanter sans danger en cette saison.

TABLE DES MATIÈRES

I. — A Lautour-Mézeray	1
II. — A Léon Gatayes	19
III. — A Eugène Sue	25
IV. — A Léon Gatayes	49
V. — A Valin, pêcheur à Étretat	51
VI. — A Léon Gatayes	67
VII. — A Alfaro	73
VIII. — A Alphonse Toussenel	93
IX. — A Louis Van Houtte, de Gand	97
X. — A Léon Gatayes	107
XI. — A Alphonse Darnault	115
XII. — A Léon Gatayes	129
XIII. — Au colonel Alphonse de Foissy	133
XIV. — A Léon Gatayes	153
XV. — Au docteur Marchessaux	161
XVI. — A Alphonse Toussenel	175
XVII. — A Léon Gatayes	195
XVIII. — A Ferret	219
XIX. — A Théophile Gautier	233
XX. — A Dutillet	249

LAGNY. — Typographie de A. VARIGAULT et Cie.

www.ingramcontent.com/pod-product-compliance
Lightning Source LLC
Chambersburg PA
CBHW050338170426
43200CB00009BA/1649